AF260139

L'ABBÉ P. DAULNY

ÉTUDE

SUR LE

SOCIALISME CONTEMPORAIN

DISCOURS

Prononcé à Bourges, devant une réunion de Jeunes Gens

> « Pas n'est besoin de dire toujours
> « du nouveau ; il faut répéter très
> « souvent les choses vraies. »
> WINDTHORST.

PRIX : UN FRANC

BOURGES

IMPRIMERIE TARDY-PIGELET

15, RUE JOYEUSE, 15

1896

L'ABBÉ P. DAULNY

ÉTUDE

SUR LE

SOCIALISME CONTEMPORAIN

DISCOURS

Prononcé à Bourges, devant une réunion de Jeunes Gens

« Pas n'est besoin de dire toujours
« du nouveau; il faut répéter très
« souvent les choses vraies. »
WINDTHORST.

PRIX : UN FRANC

BOURGES

IMPRIMERIE TARDY - PIGELET

15, RUE JOYEUSE, 15

1896

A MA MÈRE

AVANT-PROPOS

Je me décide, sur les conseils de personnes expérimentées, à publier le texte d'un discours prononcé à Bourges, le 18 juin 1895.

Ce discours traite du Socialisme. Je me borne à exposer cette doctrine, à l'apprécier et à tracer une ligne de conduite à son égard. Je n'ai nullement cherché à donner des aperçus nouveaux. D'abord je ne l'aurais pas pu ; ensuite il y a une parole de Windthorst dont je suis intimement convaincu : « Pas n'est besoin de dire toujours du nouveau ; il faut répéter très souvent les choses vraies ».

C'est ce à quoi je me suis appliqué. J'ai donc essayé de condenser les lectures assez nombreuses que j'ai faites sur le Socialisme. Je serais heureux si je pouvais être utile à quelques personnes.

Il n'y a aucune exagération à dire que la doctrine révolutionnaire contemporaine est peu connue. En effet, les ouvrages qui l'étudient en elle-même sont très rares. En France, nous n'avons guère que le « Collectivisme de M. Paul Leroy-Beaulieu ». Or ce volume n'est peut-être pas à la portée de toutes les bourses, ni certainement à la portée de toutes les intelligences. Il coûte 7 fr. 50 et a 432 pages in-8°.

Je ne me dissimule pas les défauts de mon travail. Mais je compte sur la bienveillance du public. Il existe des esprits si souples et si bien doués, qu'ils écrivent aussi naturellement que l'oiseau chante et que le ruisseau coule. Tout le monde ne ressemble pas à Fénelon, à Lamennais, à Prevost-Paradol. Au dessous de ces génies est la foule nombreuse des travailleurs de l'intelligence, qui peinent pour entrevoir la vérité et pour rendre leur pensée. Ceux-ci arrivent parfois avec le temps à atteindre la perfection ; rarement ils la réalisent du premier coup. Or, se rencontrerait-il quelqu'un assez dur pour ne leur témoigner aucune indulgence ?

— Enfin, que les personnes qui m'ont aidé de leurs conseils et qui ne m'ont jamais ménagé les encouragements daignent agréer l'expression de ma plus sincère reconnaissance.

P. D.

ÉTUDE

SUR LE

SOCIALISME CONTEMPORAIN

Messieurs,

La perspective de traiter devant vous un sujet de Sociologie m'a d'abord épouvanté. Est-ce que je possède l'expérience d'un Garnier ou la parole enchanteresse d'un Naudet? Mon seul mérite est d'être un amoureux de la science et de la vérité, un passionné des problèmes du jour.

Cependant, j'ai cédé aux sollicitations de votre aimable et distingué Président. A la fin, la confiance l'a emporté en moi sur des sentiments opposés, et je crois que je n'aurai pas à m'en repentir.

Des personnes de la plus haute valeur intellectuelle ont daigné honorer notre réunion de leur présence. C'est un signe qu'elles sont déterminées à encourager l'orateur et au besoin à excuser ses débuts.

Je sais aussi, Messieurs, qu'il m'est permis de compter sur votre indulgence. Si je jette les yeux autour de moi, j'aperçois çà et là des amis dévoués, et partout des cœurs sympathiques; puis vous ne pouvez pas oublier, qu'il y a quelques années j'étais membre de votre Association, qu'en somme je suis l'un des vôtres, enfin il appartient surtout à la jeunesse d'être indulgente pour la jeunesse.

J'ai choisi, comme sujet de cette conférence, le Socialisme contemporain. Voici pour quel motif :

Vers la fin de 1890, quelques-uns de mes confrères et moi nous reproduisîmes ici même la fameuse conférence de Berlin. Cette circonstance me poussa vers les études sociologiques.

Permettez-moi d'ajouter que je m'y livrai avec ardeur, mais je le dis à ma honte : ce n'est qu'après un temps considérable que je parvins à acquérir une idée claire et adéquate du Socialisme contemporain.

Cependant, la connaissance de ce système n'est-elle pas absolument nécessaire pour saisir la genèse, comprendre la valeur des différents problèmes économiques qui, aujourd'hui, agitent l'opinion ? Surtout n'est-elle pas absolument nécessaire pour détourner l'esprit de l'ouvrier de ce mouvement socialiste qui menace sans cesse d'aller en augmentant ? Vous aurez beau exposer avec éloquence vos théories sur le repos hebdomadaire, sur la limitation des heures de travail, sur le salaire, sur l'association, sur l'intervention de l'État ; vous n'arracherez pas pour cela les individus qui vous écouteront à la bande révolutionnaire ; peut-être même les y pousserez-vous en développant en eux le désir immodéré du changement, la haine de leur condition présente ! Souvenez-vous du mot de Lassalle : « La première chose à faire est de faire sentir à l'ouvrier allemand qu'il est malheureux ».

Pour obtenir le résultat que tous les hommes sages souhaitent, pour décider les travailleurs à une espèce de réaction, il importe de leur montrer, jusqu'à l'évidence, l'injustice et les inconvénients matériels et pratiques de la nouvelle organisation sociale que leurs chefs rêvent d'établir sur les ruines de l'ancienne. Alors seulement on pourra se flatter de les avoir ramenés sous les étendards de l'ordre ; d'avoir détruit en eux le révolutionnaire et d'y avoir substitué le réformateur ; d'avoir ainsi changé ces éléments de trouble et de barbarie en éléments de paix et de civilisation.

La connaissance du Socialisme contemporain est donc d'une importance capitale. Or quelques-uns d'entre vous, pour ne pas dire beaucoup, ne sont-ils pas précisément dans l'état « intellectuel » où je me trouvais il y a deux ou trois ans ? L'estime que je vous porte ne m'interdit pas de le penser. Avez-vous tous étudié de près et à fond la doctrine révolutionnaire actuelle ? Il est probable que non.

C'est pourquoi j'ai cru bon d'examiner devant vous, dans ce discours, les questions suivantes :

Qu'est-ce que le Socialisme contemporain ?
Quelle est sa valeur ?
Comment devons-nous nous comporter à son égard ?

Tels sont les trois points sur lesquels j'ai voulu appeler votre attention. En d'autres termes :

1o Exposé.
2o Critique du Socialisme contemporain.
3o Conduite à tenir envers ce système.

I

Le Socialisme date de la plus haute antiquité ; mais dans la longue carrière qu'il a parcourue, il a revêtu plusieurs formes; car, selon la loi de toutes les erreurs humaines, il a cherché sa justification dans les croyances particulières et nouvelles, dans l'état moral et économique des différentes époques.

Jamais, néanmoins, il n'a eu le caractère qu'il offre à l'heure actuelle. C'est un phénomène curieux à constater : jusqu'à la seconde moitié de ce siècle, le Socialisme, malgré une évolution plusieurs fois séculaire, n'est pas parvenu à se manifester sous un concept raisonné.

Voyez même les derniers systèmes éclos avant 1850 ou 1860; les systèmes de la Restauration et du règne de Louis-Philippe, ceux de Saint-Simon et Fourier. Qui est-ce qui domine en eux ? L'imagination et le sentiment ?

Saint-Simon rêve de placer à la tête de l'humanité un « Père », à la fois Roi et Pape, qui séparera la Société en trois classes ; les savants, les artistes et les industriels, qui accordera à chacun suivant sa capacité, et à chaque capacité suivant ses œuvres. Fourier est plus extravagant encore avec son « Phalanstère ». Il demande que les hommes soient divisés en groupes ou phalanges de travailleurs. Chaque phalange devra contenir environ 1,600 membres et exploiter une lieue carrée. La vie, les biens, tout sera en commun ; les produits seront distribués dans la proportion suivante : un tiers aux capitalistes, un quart au talent ; cinq douzièmes aux travailleurs.

— 4 —

Chaque phalanstère cultivera les produits appropriés à ses goûts et au sol, et tous les phalanstères du monde échangeront leurs produits.

Ainsi s'établira l'harmonie universelle.

Ces théories, si généreuses soient-elles, ne méritent pas l'honneur d'une discussion. Il est clair, en effet, qu'elles n'ont aucune base rationnelle ni expérimentale ; qu'elles procèdent de cerveaux en ébullition, méprisant les réalités de tout ordre, se perdant sous l'influence de fausses maximes philantropiques dans un idéalisme vaporeux et indéfini.

Or, M. Decurtins l'a remarqué avec beaucoup de vérité. — Jusqu'à la deuxième moitié de notre siècle, chaque école « révolutionnaire », qui s'était levée, soit en France, soit à l'étranger, n'avait pas su échapper aux défauts que nous signalons. Chacune de ces écoles avait emprunté à l'individualité, c'est-à-dire au caprice de son fondateur, ses traits principaux et « s'était par ce fait condamnée à disparaître avec la mort de son chef, pour ne mener dès lors qu'une existence schématique dans la paléontologie des utopies sociales [1] ».

Tout autre se présente à nous le Socialisme contemporain. Il prétend être un système véritablement scientifique, véritablement raisonné, appuyé soit sur une étude critique de l'histoire, soit sur une analyse de la production actuelle, soit sur des hypothèses philosophiques. Il s'annonce comme n'étant pas, ainsi que jadis, le résultat d'un rêve, mais comme étant le résultat d'une logique sévère, d'un examen approfondi et sérieux des différents phénomènes économiques.

D'où nous vient ce nouveau Socialisme ?

En ce jour du 18 juin, je n'ai nullement l'intention de joindre ma voix à celle de nos marins, qui sont là-bas à Kiel, pour saluer de leurs hourras Guillaume II ; cependant l'impartialité du critique m'oblige à reconnaître que l'Allemagne a joué un rôle prépondérant en notre siècle. Dans l'ordre politique, elle est arrivée à obtenir l'hégémonie, par le génie tenace de ses hommes d'État et par ses victoires répétées, dont le souvenir douloureux retentit toujours dans nos cœurs de patriotes. Dans l'ordre intellectuel, elle a également pris la direction des idées. Elle a bouleversé la philosophie par le scepticisme de

1. Décurtins. *Œuvres choisies de Mgr de Ketteler*. Introduction, page 15.

Kant, le panthéisme de Fichte, de Schelling et de Hégel, le pessimisme de Schopenhauer et de Hartmann. Sur cette reine des sciences humaines, elle a imprimé sa marque avec tant de force que si les plus illustres docteurs du Moyen-Age, le Séraphique, l'Angélique, le Subtil sortaient de leurs tombeaux, que si Bonaventure, Thomas d'Aquin, Duns Scot revenaient parmi nous, ils seraient contraints de franchir le Rhin pour trouver des adversaires dignes d'eux. Quels noms l'Allemagne n'a-t-elle pas aussi à mettre en ligne dans les études d'histoire soit profane, soit religieuse. Elle peut présenter des hommes tels que Kuenen, Wellhausen, Dollinger, Reuss, Mommsem, Janssen. C'est encore elle qui « a soulevé la première le linceul qui semblait couvrir pour jamais la théologie » et a rendu à celle-ci quelque chose de cette vie jadis surabondante. Enfin, dans les études sociales, elle a fourni à la fois et le restaurateur de l'économie catholique, Ketteler, et le théoricien du nouveau Socialisme, Karl Marx.

Ordinairement, on ne sépare pas le nom de Lassalle de celui de Marx. A la vérité, l'œuvre de ces deux hommes est aujourd'hui unifiée, fondue l'une avec l'autre. Remarquons-le néanmoins. Lassalle a principalement été un homme d'action, un tribun. On l'a nommé avec raison l'un des agitateurs les plus formidables qui aient jamais paru. C'est lui qui fit passer le Socialisme de la région des rêves dans le domaine de la vie pratique et qui le jeta comme un brandon de discordes sur les places publiques et dans les ateliers ; c'est lui qui, doué d'une grande puissance intellectuelle, d'une activité dévorante et d'une audace inouïe, sut, en deux années, de 1862 à 1864, soulever le monde ouvrier de l'Allemagne et l'organiser en un parti politique redoutable.

Mais si Lassalle a créé le mouvement révolutionnaire, il n'en a pas gardé la direction ; car il n'a pas réussi à lui donner ce qui est le principe vivificateur de toute cause, la forme dogmatique. Ce rôle a été rempli par Karl Marx. A Marx revient le triste honneur d'avoir élaboré dans son livre *Le Capital*, le Socialisme contemporain, et d'avoir fourni à cette erreur son concept définitif.

Ce concept a sans doute une partie positive. Toutefois, il importe de le constater dès maintenant, il consiste plutôt dans la critique du régime économique en vigueur, que dans l'exposé *ex-professo* d'un nouveau système à établir et à réaliser.

Voici en effet ce qu'enseigne le Socialisme contemporain. Je ne m'occupe, Messieurs, que de sa théorie principale, qui est celle de la propriété, qui est celle qui le distingue et le spécifie [1].

« Selon les paroles mêmes de Léon XIII, le Socialisme pré« tend que toute propriété de biens privés doit être supprimée, « que les biens d'un chacun doivent être communs à tous, et « que leur administration doit revenir aux municipalités ou à « l'État [2]. » Ainsi il ne demande pas, — comme beaucoup le pensent, — le partage égal des choses entre citoyens. Le Socialisme, à notre époque, est essentiellement le « Collectivisme».

C'est pourquoi son but principal est de substituer à la propriété privée que nous connaissons, la propriété collective de tous les moyens de production : biens immobiliers, sol et soussol, instruments de transport, ateliers, machines, outillages, etc. Exemple : M. A possède une ferme, M. B une usine ; M. C une boutique d'épicerie, M. D une vigne. Que réclame le Socialisme ? Que l'État possède à la place de ces individus ; qu'il leur enlève le titre de maitre et qu'il les réduise au rôle de commis. A pourra toujours régir la ferme ; B faire marcher l'usine ; C faire valoir la boutique d'épicerie : D cultiver la vigne ; mais ni les uns ni les autres ne travailleront plus pour leur seul compte personnel ; ils travailleront pour le compte de la Société entière ; en un mot, ils ne seront plus patrons exclusifs. Dans l'organisation future, l'État, cet être moral et abstrait, qui représente la Nation, le « Tout social » sera le seul propriétaire.

Il faut maintenant essayer de comprendre le fonctionnement du nouveau régime.

L'État, étant l'unique propriétaire des moyens de production, exploitera ces moyens à l'aide de ses millions d'employés. Car — ne l'oublions pas — tous les hommes, quelle que soit la

---

1. Voir la note A. (Appendice.)

2. « Socialistæ quidem, sollicitatâ egentium in locupletes invidiâ, evertere privatas bonorum possessiones contendunt oportere, earumque loco communia universis singulorum bona facere ; procurantibus viris, qui aut municipio præsint, aut totam rempublicam gerant. »

Encycl. de Conditione Opificum.

fonction qu'ils exerceront, seront des domestiques, des fonctionnaires agissant sous la direction de l'État et pour son bénéfice. L'État sera donc regardé comme le seul producteur. En conséquence, tous les produits lui appartiendront. Au bout de l'an, un cordonnier aura fabriqué cent paires de chaussures, un agriculteur aura récolté cent hectolitres de froment: Les cent paires de chaussures, les cent hectolitres de froment s'engouffreront dans les magasins publics.

Étant l'unique possesseur des produits, l'État devra en être également le seul distributeur. Il est évident que personne n'aura la liberté de choisir à sa guise ce qui lui plaira. Il ne sera même pas permis de prendre le fruit intégral de son labeur. Le revenu total du travail de la nation sera distribué d'après une loi fixe entre la totalité des travailleurs. Par suite de cette loi de répartition — le temps de travail est la mesure de la valeur — le fermier qui aura fourni cent hectolitres de blé pourra très bien n'en percevoir que quarante. En retour, le pauvre hère, qui n'aura récolté que quelques boisseaux, aura la joie de toucher plusieurs sacs [1].

De cette manière, il sera mis fin au triste spectacle offert depuis des siècles. On ne verra plus d'un côté des individus

[1]. Beaucoup de personnes n'ont pas la moindre idée, ou plus exactement, n'ont qu'une idée très fausse de ce que serait le fonctionnement de l'organisation socialiste, de « la Société socialisée », comme s'expriment les initiés. Elles s'imaginent qu'elles pourraient conserver leur fortune particulière, leurs revenus particuliers; et qu'elles auraient en outre le bonheur de recevoir un secours de l'État.

Voici un fait rapporté par M. de Mandat-Grancey. Il en dit plus long que beaucoup de dissertations.

« Un de mes voisins, petit propriétaire campagnard, la forte tête de son village, dont il était maire, m'avouait dernièrement qu'il se sentait bien ébranlé par les raisonnements des communistes : « J'ai lu, me disait-il, un de leurs livres, il y est prouvé de la manière la plus claire que, si seulement on les laissait faire, nous recevrions tous une pension de 350 francs. Or, suivez bien mon raisonnement, j'ai déjà un petit bien qui m'en rapporte bon an, mal an, 1.200, cela m'en ferait 1,550. Quel est le gouvernement qui m'offrira jamais de pareils avantages ? » Il faillit tomber de son haut quand je lui fis observer qu'avant de toucher ses 350 francs, il lui faudrait abandonner à la masse commune les 1,200 qu'il a eu tant de peine à amasser; et cette réflexion, quand il en eut bien compris la portée, l'a beaucoup refroidi. »

De Mandat-Grancey : *En visite chez l'oncle Sam*. Conclusion

Si le Socialisme était connu, l'attraction qu'il exerce aurait vite disparu.

regorgeant de richesses, nageant dans le luxe et l'abondance ; de l'autre, des individus manquant de tout, n'ayant ni le logement, ni la nourriture, ni le vêtement. Chaque homme aura au moins le nécessaire, puisqu'il participera, dans une mesure équitable, aux produits et non seulement à la production.

Grâce à une rétribution pour le moins suffisante, assurée à tous, la pauvreté disparaîtra donc enfin de la surface de la terre.

Certes, Messieurs, si une organisation quelconque devait procurer au monde ce grand bienfait : la suppression totale de la misère, il faudrait souhaiter qu'elle triomphât.

Mais peut-on espérer le retour du paradis terrestre ? Le monde ne restera-t-il pas plutôt ce qu'il a toujours été : un lieu de peines et de souffrances ?

Il est à craindre que le régime collectiviste ne produise pas l'effet merveilleux qu'on attend de lui.

Quoi qu'il en soit, les socialistes tâchent continuellement de justifier leur théorie de la propriété. Ils l'appuient surtout par trois arguments : appelons le premier historique, le second, économique, le troisième, philosophique.

D'abord, ils s'appliquent à nous faire remarquer que les peuples, à leur origine, n'ont connu que la propriété commune ou collective du sol. Le mode actuel serait fondé historiquement sur la violence et sur la force, il serait le résultat de spoliations diverses, accomplies dans le courant des âges.

Qu'on examine la richesse foncière contemporaine ; elle provient, soit de la confiscation des biens d'Église au XVI° et au XVII° siècles ; soit de la dilapidation des domaines de l'État, soit des empiètements continus sur les biens communaux, que les gros et moyens propriétaires ont réussi à accaparer. Quant à la richesse mobilière, elle n'a pas une origine plus pure. Marx n'assigne pas, à la naissance des capitaux industriels, d'autres causes que le système colonial, les dettes de l'État, le régime protecteur, l'exploitation abusive du travail des enfants, la falsification des marchandises, l'usure.

Après l'argument historique, l'argument économique.

Les disciples et continuateurs de Marx n'ont rien rejeté de ses doctrines ; à ses critiques ils en ont même ajouté de nouvelles. L'une des plus curieuses a été empruntée à Lassalle.

Ils attaquent la légitimité de la richesse privée, sous pré-

texte que celle-ci est en grande partie formée par des circonstances extérieures, par une suite d'événements sur lesquels
l'individu n'a ni influence, ni action. « Prenez, écrit M. Henri
George, le premier venu, pourvu qu'il ne soit pas un homme
à théories, mais qu'il ait une bonne tête d'affaires, et qu'il
sache ce que c'est que gagner de l'argent. Dites-lui : « Voici
une petite ville qui débute ; dans dix ans, ce sera une grande
cité. Les chemins de fer auront remplacé les diligences, et les
lampes Edison les reverbères. Pensez-vous que dans dix ans
le taux de l'intérêt se soit élevé ? — Il vous répondra ! Nullement. — Pensez-vous que les salaires du travail ordinaire se
soient élevés et qu'il soit plus commode à l'homme qui n'aura
que ses bras de se créer une existence indépendante ? — Pas
davantage — vous dira-il. — Le travail commun ne sera pas
plus rétribué ; il est probable qu'il le sera moins qu'aujour-
d'hui. Les bras ne seront pas plus recherchés, selon toute appa-
rence, ils le seront moins. — Alors que dois-je faire pour faire
fortune ?

Allez, achetez promptement ce morceau de terrain et prenez-
en vite possession. Et si, en effet, vous avez la sagesse de suivre
ce conseil excellent, vous n'avez plus besoin de rien faire d'autre. Vous pouvez vous coucher sur votre terrain et y fumer
votre pipe ; vous pouvez vous promener tout autour, comme
le lazzarone de Naples ou le lepero de Mexico ; vous pouvez
planer au dessus en ballon ou dormir dessous dans un trou ;
et sans remuer le doigt, sans ajouter un iota à la richesse générale, dans dix ans vous serez devenu riche. Dans la cité
nouvelle, il y aura un palais pour vous ; il est vrai qu'il y aura
aussi probablement un hospice pour les pauvres [1]. »

M. Henri George montre une personne acquérant une fortune
colossale parce que des milliers d'hommes viennent habiter un
lieu désert. Le prix des terrains monte ; il décuple et centuple
même. L'heureux possesseur profite de la hausse pour rassem-
bler des millions. Cependant, continue Henri George, en quoi
a-t-il influé sur l'agglomération ? Qui osera dire qu'il l'a produite ? Alors sa richesse est le fruit du hasard: s'il en est ainsi

---

1. M. Henri George : *Progress and Poverty* (Cité par M. Paul Leroy-
Beaulieu, dans son livre *Le Collectivisme : Examen Critique du Nouveau
Socialisme*, page 54.)

elle n'a pas le caractère qui seul a la force de la rendre sacrée et inviolable — le caractère personnel.

Cette première critique, abstraction faite de sa valeur, est assurément spirituelle et intéressante. Mais suivons les socialistes, qui insistent de préférence sur une seconde considération économique, à laquelle ils essaient de donner une forme rigoureusement scientifique.

Voyons comment, d'après eux, le riche édifie sa fortune. Dans la production contemporaine — qui est la production sous forme capitaliste — l'ouvrier ne possède pas les instruments de travail. Que l'on considère les chemins de fer, par exemple. Ils appartiennent à des actionnaires et à des obligataires qui n'ont jamais chargé un wagon, conduit une locomotive, ni posé un rail. L'ouvrier est donc contraint de recourir à un patron, pour avoir les instruments dont il a besoin. Entre l'ouvrier et le patron s'établit par suite un contrat, en vertu duquel le premier donne son travail et le second un salaire en échange.

D'après quelle règle le salaire devrait-il être fixé ?

Le grand principe de Karl Marx — celui qui joue dans son système le même rôle que la définition de la substance dans le Panthéisme de Spinosa — proclame que « le capital est naturellement stérile ; que le travail seul est créateur ».

C'est pourquoi le capital peut demander à prélever sur la production de quoi s'entretenir et se maintenir en état ; mais il ne peut pas réclamer autre chose, un intérêt ou bénéfice. Défalcation faite des frais généraux nécessités soit par l'entretien du matériel, soit par l'achat des matières premières et du combustible, les produits appartiennent intégralement au travail [1].

Revenons maintenant au patron et à l'ouvrier.

Le premier ne contribue à la production que par les instruments qu'il fournit, c'est-à-dire par un capital quelconque [2]. Alors il n'a droit qu'à un amortissement. Au contraire, le second intervient par son travail ; alors il a droit à tous les produits.

---

1. Voir la note B. (Appendice.)

2. Le Socialisme appelle « capital » tout moyen de production, tout instrument de travail ; sol, carrières, mines, usines, machines, commerce, etc.

La justice exige donc que le salaire de l'ouvrier soit l'équivalent de la valeur totale de ces produits. Or il ne la représente jamais. Pour justifier cette affirmation, étudions une industrie en particulier : prenons l'industrie française et raisonnons sur des chiffres. D'après les statistiques officielles [1], les produits (entendus au sens indiqué plus haut) s'élèvent à 1,994 millions. Est-ce que les salaires correspondent à cette somme énorme ? Du tout. Ils ne s'élèvent qu'à 980 millions. Entre ce qu'ils sont et ce qu'ils devraient être, il y a un écart de 1 milliard 14 millions par an !

Après cette constatation mathématique, est-il possible de soutenir que l'ouvrier n'est pas indignement exploité ? Qui ne voit qu'il produit beaucoup plus qu'il ne perçoit ; que la classe patronale prélève sur lui, sans aucun droit, un impôt formidable ; qu'elle ne paye pas tout le travail effectué. On croit généralement que la civilisation et les différentes révolutions, notamment celle de 1789, ont supprimé dîmes et corvées ; elles les ont plutôt accrues ou consolidées, et l'homme doué de capitaux, à notre époque, extrait de l'ouvrier une plus grande somme de travail impayé que ne le faisait le seigneur terrien d'autrefois.

En effet, il est un point qu'il faut retenir : « Le salaire ne représente pas la valeur totale des produits ; c'est à peine s'il en comprend la moitié, 980 millions sur 1994. La classe patronale extorque donc annuellement une somme considérable ».

Désire-t-on voir cette vérité traduite sous une forme tout à fait saisissante ? De calculs très simples, basés sur les nombres cités tout à l'heure, il ressort que dans l'industrie française, sur une journée de 12 heures, l'ouvrier gagne son salaire en 5 h. 44 minutes. Et si l'on prend certains métiers en particulier, on obtient des chiffres véritablement surprenants. D'après le journal l'*Égalité*, l'ouvrier gagnerait son salaire dans l'industrie du cuir en 3 h. 12 minutes ; dans l'industrie du bois en 2 h. 53 minutes ; dans l'industrie des produits chimiques en 2 h. 15 minutes ; dans le bâtiment en 3 heures ; dans les industries

---

1. Je cite d'après des statistiques anciennes. Mais il importe peu pour l'exposé fidèle de l'argument socialiste que les chiffres soient récents ou non.

consacrées à l'alimentation en 2 h. 6 minutes ; enfin, dans l'industrie de l'éclairage en 1 h. 20 minutes.

Il faut ajouter que le phénomène social que l'on constate en France n'est pas particulier à ce pays ; il existe en Allemagne, en Angleterre, dans toutes les contrées soumises au régime économique contemporain.

Que démontre-t-il ?

L'ouvrier produit son salaire, la somme qu'il perçoit, au plus en six heures. Cependant, au lieu de travailler simplement six heures, il est employé pendant douze heures et même davantage. A côté de la valeur créée par les premières six heures de travail, il y a donc une seconde valeur créée par les autres six heures. En droit, cette seconde valeur revient à l'ouvrier comme la première, puisqu'elle est un produit. En fait, elle ne lui est pas payée : elle va tout entière à la bourse du patron. Le patron s'attribue ainsi pour le moins la moitié du produit de chaque journée et cependant ce produit appartient exclusivement à celui qui le crée, à l'ouvrier.

Telle est l'origine de la richesse privée ; elle est le fruit d'une exploitation habile et audacieuse.

De leur analyse de la production, les collectivistes concluent qu'il est possible de prouver scientifiquement la fameuse parole de Proudhon « La propriété, c'est le vol » et cette autre de Lassalle « Propriété, altruité ». Il importe donc souverainement de chercher à établir un nouveau régime économique, lequel permettra de participer aux bénéfices dans la mesure où l'on aura contribué à les créer.

Enfin, les socialistes essayent de justifier leur doctrine de la propriété par leur conception philosophique de la production. Ils semblent vouloir emprunter une idée chère à Hégel et transporter du domaine de la métaphysique dans celui de l'économie politique, la théorie de « l'éternel devenir ». A leurs yeux la production est soumise à une évolution ; elle progresse et se transforme suivant une loi fatale.

A une époque, elle a revêtu un caractère spécial que l'on peut exprimer par cette formule : « Le travailleur possédait son outil ». L'agriculteur avait son petit champ ; le commerçant sa petite boutique ; l'ouvrier son instrument. Cette organisation a procuré à l'humanité d'heureux résultats ; pendant les siècles où elle a existé, elle a supprimé tout antagonisme. Comment y aurait-il en matière à dispute et à bataille pour le partage du produit, puisqu'alors le propriétaire et le travailleur ne faisaient qu'un ? Dans ces conditions il n'y avait pas deux classes en présence, deux classes en lutte. La Société n'était en quelque sorte formée que d'un seul élément.

Néanmoins l'organisation précédente avait « le grand défaut d'éparpiller les moyens de production, d'où il résultait qu'elle souffrait de ce fractionnement dans sa productivité et ses moyens d'action [1] ». Avec le temps elle était condamnée à périr. — En effet, après le Moyen-Age, où elle avait atteint son plein développement, que constatons-nous ? Elle diminue successivement, et finit presque par disparaître sous l'influence des phénomènes économiques. L'invention de la machine, en particulier, lui a porté un coup mortel. — Depuis la machine, la production a revêtu une forme nouvelle. Ce qui caractérise cette forme, que l'on peut appeler capitaliste, c'est que le travail est d'un côté et la propriété de l'autre. L'instrument de travail appartient à une classe et le travail est exécuté par une autre classe. En d'autres termes : jadis, le producteur était absolument maître du moyen de production ; maintenant, au contraire, il ne le possède plus ; il le met seulement en mouvement pour le compte d'un patron.

Dans l'ordre industriel, le métier à la main a été supprimé par le tissage mécanique ; la filature à la main a été remplacée par la filature à vapeur ; la petite forge d'autrefois a fait place aux hauts-fourneaux d'aujourd'hui. Dans l'ordre commercial, le petit boutiquier disparaît peu à peu ; il est exproprié par la concurrence des grandes maisons, telles que le *Louvre*, le *Bon Marché*, le *Printemps*. On n'a plus seulement les serfs de l'usine, voilà qu'apparaissent les serfs du magasin. Enfin, dans l'ordre agricole s'opère la même séparation que dans l'industrie et le commerce. D'après les statistiques officielles, il y a, à l'heure actuelle, 2,200,000 hommes, qui cultivent le sol de France sans en posséder une parcelle.

Ces faits démontrent ce qu'est la production capitaliste. Celle-ci — on aurait tort de le croire — n'a pas été amenée par la volonté libre des patrons ; elle résulte « d'une fatalité éco-

1. Karl Marx.

nomique[1] »; elle est « une phase, une catégorie historique du développement social de l'humanité[2] ». Combien de temps doit-elle durer ? Personne ne le sait. Ce qui est certain, c'est qu'elle n'a pas atteint son dernier terme : elle progressera encore ; mais à la fin elle engendrera nécessairement la propriété collective.

En effet, qu'on se figure arrivé le moment où le gros capital aura supprimé tous les petits et moyens capitaux, où la puissante fabrique aura ruiné toutes ses humbles rivales, où le grand magasin aura absorbé toutes les modestes boutiques individuelles, où le domaine géant, constitué d'après le type anglais, américain ou australien, rappelant le *latifundium* latin, qui comprenait des provinces entières, aura englobé les anciennes et morcelées propriétés patrimoniales ? Quel spectacle offrira la Société ? La population sera divisée en deux classes absolument distinctes et opposées : d'une part, une poignée de quelques richards, ayant accaparé tous les moyens de production ; de l'autre, une multitude infinie de prolétaires n'ayant que leurs bras, et considérés exclusivement comme force à travail.

Mais alors, la masse immense des ouvriers — à cause de son nombre même — verra clairement la situation. Souffrira-t-elle longtemps son esclavage ? Permettra-t-elle qu'une oligarchie minuscule l'exploite ? Sera-t-elle assez patiente pour laisser un groupe d'oisifs et de parasites s'attribuer toute la richesse et ne donner aux créateurs de cette richesse qu'une dérisoire compensation, un salaire ? Il serait puéril d'avoir de telles espérances.

La masse ouvrière, déjà souveraine dans le domaine politique, grâce au suffrage universel, voudra également le devenir dans le domaine économique. Et quelle force aura-t-on à lui opposer ? Elle sera donc libre de contenter son désir. Alors, à l'organisation sociale actuelle, elle substituera l'organisation socialiste ; elle arrachera à une classe privilégiée, pour la transférer

1. Jules Guesde : Discours prononcé à la Chambre des Députés dans la séance du 20 novembre 1894. Cf. *Journal Officiel*, page 4,920, col. 3.

2. Cf. Chanoine Winterer. *Le Socialisme Contemporain*, page 22.
« La production par le capital n'est, d'après Marx, qu'une phase, une catégorie historique du développement social de l'humanité. »

à la Nation entière, la propriété des moyens de production ; elle remplacera, en un mot, la propriété individuelle par la propriété collective.

Vouloir empêcher cette révolution radicale, ajoutent les socialistes, c'est vouloir combattre cette force mystérieuse et irrésistible qu'on appelle la force des choses. Est-il possible d'aller contre la loi de l'évolution qui imprime à la production une forme nouvelle et par l'extension graduelle de cette forme prépare infailliblement le résultat que nous souhaitons ?

J'ai essayé, Messieurs, de vous exposer le véritable concept du Socialisme contemporain.

Vous voyez que ce système est principalement un système négatif. Il se livre, avant tout, à la critique acerbe et exagérée du régime économique actuel. Combien sont sommaires les aperçus positifs développés plus haut ?

Quand l'État sera seul propriétaire et seul souverain producteur, comment réussira-t-il à mettre en mouvement ses quarante ou cinquante millions d'employés ?

Sur quel principe s'appuiera-t-il pour distribuer les emplois ? Les uns sont agréables ; les autres, pénibles.

Avec une centralisation absolue, est-ce que la production se proportionnera aux besoins de la consommation ?

Lorsque l'initiative privée sera abolie, comment s'opéreront les progrès industriels et agricoles ? L'expérience apprend que l'État est essentiellement routinier ; que la collectivité n'a jamais rien inventé.

Quant à la loi de répartition, basée sur le temps de travail, est-elle juste ? est-elle pratique ?

Toutes ces questions — et beaucoup d'autres — d'une importance capitale. le Socialisme les néglige ou ne les aborde que superficiellement.

Ni Lassalle ni Karl Marx, dans leurs ouvrages, ni Guesde ni Jaurès, dans leurs discours, n'aiment à tracer avec précision et à justifier le plan de la Société future tant rêvée. Schœffle seul a voulu se livrer à ce travail [1]. Or, Schœffle a été anathématisé et excommunié. Est-ce que Guesde ne l'a pas appelé « un adversaire », « un ennemi » ?

Ainsi le Socialisme crie qu'il faut détruire, il affirme avoir

1. Schœffle : *La quintessence du Socialisme.*

trouvé la formule qui doit délivrer l'humanité des maux auxquels elle est soumise depuis des siècles. Et il n'expose pas cette formule dans tous ses détails ; il ne nous révèle pas comment elle aurait la faculté de procurer à chacun le bonheur et l'aisance ; il ne démontre pas comment elle pourrait être appliquée et engendrer une Société meilleure et plus avantageuse que la Société présente. — Bien plus, il craint d'insister sur la description de l'organisation future.

C'est Bebel, qui a dit : « Il est superflu de parler dès maintenant de cette organisation, car nous ne savons pas quelle sera la situation, quand cette organisation devra être établie ».

Réfléchissez, Messieurs. Que penser d'un système qui convie tous les ouvriers du monde à s'unir pour détruire l'édifice qui les abrite, et qui n'a aucun plan précis et pratique pour l'avenir ? qui ignore ce qu'il apportera aux masses altérées de jouissance et qui affirme avec une ardeur inouïe qu'il est le salut [1].

Mais n'anticipons pas sur l'examen du Socialisme.

Malgré son caractère négatif, le Socialisme cause des ravages terribles dans les classes inférieures. Au rapport de M. Jules Guesde, il compte sept millions d'adhérents en Europe, en Amérique et en Australie. N'en soyons pas surpris. Le régime issu des théories libérales n'ayant produit qu'une distribution monstrueuse de la richesse, les masses aspirent naturellement après la venue d'un régime diamétralement opposé. Avec leur intelligence bornée « les désespérés, dont la vie est un problème posé chaque jour à nouveau, pour lesquels tout est préférable à leur sort présent », accueillent les yeux fermés les solutions nouvelles. Ils ne se posent pas cette question « quelle est leur valeur » ; il n'entendent qu'une chose : elles promettent de contenter ce désir que nous n'arracherons jamais du cœur de l'homme, le désir du bonheur, et ils les acceptent avec enthousiasme.

Nous, Messieurs, nous allons procéder d'une manière plus philosophique et examiner froidement quelle est la valeur du Socialisme.

1. Voir la note C (Appendice.)

II

Le Socialisme contemporain présente deux graves défauts : il est injuste ; il est inapplicable.

En premier lieu, il est injuste.

La principale cause génératrice de la propriété individuelle est le travail libre ; l'exercice libre des facultés soit physiques, soit intellectuelles de l'homme. *Liberty and property*, disent très judicieusement les Anglais qui ont soin de ne jamais séparer ces deux termes.

Notre principe s'applique à la propriété, quelle que soit sa forme, foncière ou industrielle, mobilière ou immobilière. « Je prend du blé sauvage dans ma main ; je le sème dans un terrain que j'ai creusé ; et j'attends que la terre, aidée de la pluie et du soleil, fasse son œuvre. La récolte qui croîtra, est-elle mon bien ? Où serait-elle sans moi ? Je l'ai créée : qui le niera ? [1] » Puis voici une terre qui ne valait rien et ne donnait aucun fruit. « J'ai fouillé le sol ; j'ai apporté de loin de la terre friable et fertilisante ; je l'ai réchauffée par un engrais : elle est fertile pour de longues années. Cette fertilité est mon œuvre. La terre n'était à personne, en la fertilisant je l'ai rendue mienne. Suivant Locke, dans les produits du sol, les neuf dixièmes au moins doivent être attribués au travail humain [2]. »

Léon XIII parle d'une manière encore plus précise que Jules Simon, dont je viens de citer quelques lignes. « Ce champ, remué avec art par la main du cultivateur, a changé complètement de nature, il était sauvage ; le voilà défriché ; d'infécond, il est devenu fertile ; ce qui l'a rendu meilleur est inhérent au sol et se confond tellement avec lui, qu'il serait en grande partie impossible de l'en séparer. Or, la justice tolérerait-elle qu'un étranger vint alors s'attribuer cette terre arrosée des sueurs de celui qui l'a cultivée ? C'est donc avec raison que l'universalité du genre humain, sans s'émouvoir des opinions contraires d'un petit groupe, reconnaît, en considérant attentivement la nature, que dans ses lois réside le premier fonde-

1 et 2. Jules Simon : *La Liberté*, II° partie, ch. III.

ment de la répartition des biens et des propriétés privée [1]. »

La fortune terrienne n'est pas la seule qui soit due au travail. Prenez un commerçant qui a réalisé des millions. Assurément il a dépensé moins d'efforts musculaires que les commis de ses magasins ; il a soulevé moins de kilogrammes de marchandises. N'est-il pour cela en aucune façon le créateur de sa richesse ? Qu'on se détrompe : Pendant que ses employés agissaient comme des machines, il agissait avec son esprit ; il coordonnait tous les mouvements de ses subordonnés, il indiquait à chaque individu le rôle dont il importait de ne jamais sortir ; il assurait l'ordre, l'économie du temps, le nombre des débouchés, il était à l'affût des nouvelles qui pouvaient amener la hausse ou la baisse sur le marché ; il savait quand il était opportun de vendre, quand il était opportun d'acquérir des stocks considérables. Voyez maintenant un financier : il n'a jamais supporté le poids du jour et de la chaleur ; et cependant il nage dans l'opulence d'un Lucullus. Je soutiens qu'il peut être un très honnête homme. Pourquoi ? Parce que, grâce à la pénétration de son esprit, il a profité de mille circonstances qui échappent aux natures ordinaires ; il a prévu certains événements politiques ; il a deviné l'avenir de telle et telle société.

En résumé, le commerçant et le financier ont élevé leur fortune par leur talent de direction et par leur travail intellectuel. Elle est donc leur. Comment ! on oserait nier l'importance suprême de l'esprit de combinaison et du travail intellectuel pour le succès d'une entreprise?... Quel nom donneriez-vous à un homme qui soutiendrait qu'un général contribue moins à la victoire qu'un simple soldat, parce que comme ce dernier

---

1. « Ager quippe cultoris, manu atque arte subactus, habitum longe mutat ; e silvestri frugifer, ex infecundo ferax efficitur. Quibus autem rebus est melior factus, illæ sic solo inhærent miscenturque penitus, ut maximam partem nullo pacto sint separabiles a solo. Atqui id quemquam potiri illoque perfrui, in quo alius desudavit, utrumne justitia patiatur ? Quo modo effectæ res causam sequuntur a qua effectæ sunt, sic operæ fructum ad eos ipsos qui operam dederint, rectum est pertinere. Merito igitur universitas generis humani, dissentientibus paucorum opinionibus nihil admodum mota, studioseque naturam intuens, in ipsius lege naturæ fundamentum reperit partitionis bonorum. »

Encycl. de Conditione Opificum.

il ne tire pas des coups de fusils? Souvenez-vous en, Messieurs, l'intelligence a une force supérieure à celle de milliers de bras. Confiez 4,000 soldats à Annibal, il gagnera vingt batailles; mettez 60,000 hommes aguerris sous la conduite de Varron; il les fera tailler en pièces.

Ce qui arrive dans l'ordre militaire arrive dans l'ordre économique. Remplacez le directeur habile d'un magasin ou d'une banque par un directeur maladroit, paresseux ou ignorant. Là où le premier réalisait des bénéfices énormes, le second aura des pertes et finira par tomber en faillite.

La propriété privée quelle qu'elle soit, ayant pour origine le travail ou physique ou intellectuel, a par là même une source pure et juste, un caractère légitime. Elle n'est ni le fruit du vol, ni le résultat de l'exploitation, ni la conséquence d'une nécessité quelconque. C'est là une proposition qu'il ne faut pas craindre d'affirmer. Nous nous appuyons en effet sur le principe même des collectivistes. Celui qui travaille a droit à tout ce qu'il produit.

Jamais, malgré leurs appels réitérés à l'histoire, à l'économie politique, à la philosophie, nos adversaires ne réussiront à ébranler la thèse que nous venons d'établir.

D'abord leur argument historique n'a aucune valeur. Concédons qu'au commencement la propriété du sol a été commune. Mais qu'importe? Personne ne nie que la propriété ait subi une sorte d'évolution. Et la seule chose à retenir est celle-ci : Est-ce que le principe de propriété a toujours été admis? Or il l'a toujours été. Nulle part l'histoire ne nous montre un État s'appropriant et mettant exclusivement en œuvre tous les moyens de production.

Il en a été dans le monde primitif comme dans certaines tribus indiennes de l'Amérique.

Chez celles-ci, la propriété du sol fut d'abord commune. Entre ce régime et le Collectivisme, il y avait néanmoins un abîme. Le sauvage chasseur possédait du moins son arc, ses flèches, et le gibier qu'il avait tué. Le nomade, qui était pasteur, avait du moins la propriété de ses tentes et de ses troupeaux. Il n'admettait pas encore celle de la terre : « parce qu'il ne jugeait pas encore à propos d'y appliquer ses efforts. » Mais peu à peu ce sauvage s'est développé et civilisé. Alors il s'est fixé et il est devenu agriculteur : « car il est dans le cœur de l'homme d'aimer à avoir son chez lui, comme aux oiseaux d'avoir leur nid ». Il a fini par choisir un territoire, et par le distribuer à ses enfants. Ceux-ci à leur tour se sont établis, ils ont travaillé et cultivé pour eux et leur postérité[1].

Telle est l'origine historique de la propriété individuelle. En quoi cette origine est-elle illégitime ? Où est le rôle de la force et de la violence ? Où est-ce qu'apparaît la spoliation ? Au contraire n'est-il pas facile de comprendre que la propriété individuelle du sol répond à un besoin naturel de l'homme ? Celui qui le premier a planté des pieux et a dit : « Ce champ est à moi », n'a nullement dépouillé ses semblables, ainsi que l'a prétendu Rousseau, mais plus civilisé que ses compagnons, il a apprécié la valeur de la terre et il a pris pour lui ce qui était universellement méprisé, laissant ceux qui l'entouraient libres d'imiter sa conduite. — Quant à ne vouloir pas assigner à la richesse privée, foncière et mobilière du monde moderne d'autres causes que celles indiquées plus haut par Marx, c'est faire preuve ou d'ignorance ou de mauvaise foi. Sans doute il ne se rencontre aucun esprit assez borné pour soutenir qu'il n'existe pas de fortunes mal acquises. Les moralistes et les prédicateurs de tous les siècles se sont élevés contre elles. Bourdaloue, si précis et si modéré n'a-t-il pas dit : « Il y a à l'origine de certaines propriétés des choses qui font trembler ». Mais des propriétés fondées sur des faits condamnables sont des exceptions. « En France, écrit M. Paul Leroy-Beaulieu, la moitié du sol environ appartient à la petite propriété. Ce n'est pas certes à main armée que celle-ci s'en est emparée, ni à la faveur des lois usurpatrices, c'est par l'épargne patiente[2] ». Et en un autre endroit : « Il n'est aucun homme sensé et impartial qui refuse de reconnaître qu'il se rencontre des commerçants honnêtes, des industriels humains, et que ceux-ci réussissent parfois tout autant, si ce n'est davantage, que ceux de leurs concurrents qui ont moins de probité et moins d'humanité[3] ».

Alors, condamner d'un seul trait la propriété individuelle sous prétexte d'abus particuliers, n'est-ce pas de l'extrava-

1. Voir Thiers. *De la Propriété*, page 19.
2. Paul Leroy-Beaulieu. *Le Collectivisme*, page 38.
3.   Id.   id.   page 43.

gance ? « La conduite du révolutionnaire, remarque encore
M. Paul Leroy-Beaulieu, ressemble à peu près à celle d'un
homme qui, se promenant dans les rues d'une grande cité,
rencontrerait un bossu, un cul-de-jatte, un aveugle, et qui
prétendrait que toute la population se compose de gens con-
trefaits, privés d'un sens ou d'un membre. » Concluons. Règle
générale : la propriété individuelle étudiée au point de vue
historique a une origine pure.

Les considérations économiques du Socialisme n'infirment
pas cette vérité. M. Henri George cite un exemple saisissant et
s'écrie : « Est-ce que mon homme a créé la fortune dont il
jouit ? Est-ce que la plus-value de son capital est son fait ?
N'est elle pas plutôt le fait du hasard et des circonstances
extérieures ? Pourquoi quelqu'un s'attribue-t-il ce à quoi tout
le monde a droit ? » Nous répondons d'abord au critique amé-
« ricain : La richesse de votre possesseur de terrains ne pro-
« vient pas complètement de ce que votre maître Lassalle
« appelle les conjonctures. » Si l'individu que vous mettez en
cause avait été un ignorant, il n'aurait pas acheté les solitudes
dont vous parlez : mais grâce à son intelligence il a deviné
que tel lieu désert verrait, dans un avenir prochain, des agglo-
mérations considérables, et il l'a acquis.

Avouez que sa richesse est en partie le résultat de son esprit.
Mais lors même qu'elle serait produite uniquement par le hasard, la chance, le bonheur, s'ensuivrait-il qu'elle serait con-
damnable ? Du tout. Le bonheur est une chose respectable ; il
l'est au même titre que la beauté, que l'esprit, que la santé.
Pourquoi serait-il considéré comme une source viciée de la
fortune ? N'incriminons pas le rôle du bonheur ? Où irions-
nous ? N'est-ce pas un bonheur pour un ouvrier mineur de
naître en Angleterre et non pas en Silésie ? Au lieu de 1 fr. 50
ou 2 francs par jour, il gagnera 7 ou 8 francs, et au lieu de se
nourrir de pommes de terre et de boire de l'eau, il se repaîtra
de roast-beef et se désaltérera avec du thé. N'est-ce pas également
ment un bonheur pour le peuple Français d'habiter les vallées
de la Loire, de la Seine et du Rhône plutôt que les steppes de
l'Asie centrale et les plages glacées de l'Islande et du Groën-
land ? Si réellement le bonheur était une cause injuste d'ap-
propriation, quelle posture priendrions-nous en face des Esqui-
maux, des Lapons et des Turcomans, si un jour ils avaient la

fantaisie de demander le partage des prairies de la Normandie, et de réclamer une part dans les vignobles de la Bourgogne et de la Gironde ? »

Les collectivistes insistent surtout, dans leurs attaques contre la propriété individuelle, sur leur critique de la production contemporaine. Or, est-il exact que le salaire de l'ouvrier est inférieur au chiffre qu'il devrait atteindre ? Est-il vrai que l'ouvrier ne perçoit qu'une partie de ce qu'il produit ? Que tout son travail ne lui est pas payé ? Qu'ainsi la richesse particulière est une affaire d'exploitation et de vol, de la part du patron, celui-ci s'attribuant quelque chose, qui en justice revient à son employé ?

Les faits donnent à ces affirmations « socialistes » le démenti le plus formel.

Si en réalité l'ouvrier donnait plus qu'il ne reçoit, s'il fournissait chaque jour dix, huit, pour le moins six heures de travail impayé, tous les patrons sans exception devraient réussir ; infailliblement ils s'enrichiraient, puisque, par exemple, ils percevraient 10 et ne débourseraient que 5. Toutes les industries seraient florissantes. Or l'expérience apprend que, pour une industrie qui prospère, quatre ou cinq végètent et meurent. Dans l'hypothèse collectiviste, ces insuccès sont inexplicables, en ce qui regarde ceux des manufacturiers qui ne sont ni des débauchés ni de véritables imbéciles ; et cependant beaucoup de fabricants qui ont des qualités moyennes ne parviennent pas à faire fortune.

De plus, dans la Société, il y a encore beaucoup de travailleurs autonomes, de travailleurs qui ont « le moyen de production ». Voyez ces paysans, ces menuisiers, ces cordonniers, ces horlogers, ces couturières à la mécanique. Ils n'ont rien à donner à un patron ; ils ne sont soumis à aucun. D'après la théorie collectiviste il faut admettre qu'ils arrivent à une très grande aisance : qu'ils réalisent des gains beaucoup plus forts que les salariés — puisqu'ils bénéficient de tout leur travail, tandis que les autres ne bénéficient que de la moitié. Or personne ne constate que la situation matérielle des ouvriers autonomes soit meilleure que celle des ouvriers salariés.

Enfin les sociétés coopératives donnent le dernier coup à la doctrine de nos adversaires. Elles se composent uniquement d'ouvriers, ceux-ci jouissent ainsi — les marxistes les plus acharnés ne le nieront pas — de la rémunération entière de leur travail. Une prospérité éblouissante devrait tomber en partage aux sociétés coopératives de production. Hélas ! l'expérience nous apprend qu'il est loin d'en être ainsi.

Où trouver l'explication de l'erreur des socialistes ? Messieurs, leur premier principe est faux. D'après eux, répétons-le, l'ouvrier seul crée les produits. C'est pourquoi dans la production il a droit non seulement à une simple partie, mais à la totalité. Tout lui revient. Alors comment procèdent les socialistes quand ils se livrent à l'étude de l'industrie d'une contrée ? Ils mettent sur une ligne le chiffre des salaires, sur une autre, celui des produits. Comme le premier n'est pas l'équivalent du second, comme il lui est inférieur, ils concluent que l'ouvrier est volé de la différence.

Cependant, il saute aux yeux que le patron qui fournit les instruments de travail et avec eux son intelligence et sa direction n'est pas un facteur négligeable dans la production ; qu'il a droit lui aussi à une rémunération. D'abord l'instrument de travail ou capital n'est pas « stérile ». S'il en était ainsi, pourquoi se serait-on ingénié à constituer des capitaux, pourquoi se serait-on escrimé à élever des maisons, à construire des hangars, à confectionner des machines, à extraire de la houille Ah ! c'est que les maisons, les hangars, les machines, le combustible permettent à l'homme d'obtenir une plus grande quantité de valeurs d'usage que s'il ne lui avait été loisible d'opérer qu'avec ses dix doigts [1]. Puis, considérez le rôle de l'intelligence et de la direction. La doctrine collectiviste nie encore cette vérité ; elle nie l'importance suprême du talent et de l'esprit, elle n'apprécie que le travail physique. Elle a beau nier : elle ne persuadera à personne que l'exercice seul des membres constitue un droit pour participer à la production, elle n'empêchera jamais que de deux établissements ayant le même outillage, la même situation, des équipes analogues par le nombre et par la qualité, l'un réussisse l'autre non, parce que l'un a à sa tête un directeur habile, l'autre un directeur inintelligent.

Vous avez, Messieurs, la preuve irréfutable que l'ouvrier

---

1. Naquet. *Socialisme Contemporain.*

n'est pas le seul créateur des produits, qu'un autre que lui y a droit. Cet autre, c'est le patron ; et ce patron si détesté, représenté comme un fainéant et un jouisseur égoïste contribue plus à la production que mille manœuvres ordinaires. Qu'on le laisse se payer et prendre la part qui lui revient. La justice défend qu'entre le chiffre des salaires et celui des produits il y ait égalité.

Abordons enfin l'argument philosophique du Socialisme. Marchons-nous fatalement oui ou non vers le régime collectiviste ?

Nous assistons depuis un siècle à des phénomènes économiques nouveaux. L'un des plus considérables est sans contredit le développement de la production appelée capitaliste. Cette production va en augmentant. Or arrivera-t-elle à supprimer tous les travailleurs indépendants, à les précipiter dans le salariat, et à préparer ainsi l'établissement général de la propriété collective. On le prétend, mais on se trompe : « C'est, remarque spirituellement M. Paul Deschanel, c'est absolument comme si on disait que parce que les progrès de l'hygiène et de la chirurgie prolongent la moyenne de la vie humaine, l'homme ne doit plus mourir. C'est toujours la conclusion du particulier au général, la chimère de l'absolu [1]. »

Qu'on observe attentivement le monde contemporain; il présente deux types différents de production, mais deux types légitimes et utiles, et l'un n'est pas destiné à absorber l'autre. Si au lieu d'avoir l'esprit captivé par la formule philosophique de l'évolution et par la conception moniste de la société, on examine les statistiques, on verra que nous n'exagérons pas. La production sous la forme capitaliste se développe ; la production sous la forme ancienne ne disparaît pas. Ainsi, pour le commerce ordinaire, il y a eu depuis 1885 une augmentation de 20,000 patentés.

Pour l'industrie, le nombre des patentés a quelque peu baissé. En 1885, il était de 196,000 ; en 1893, il n'était plus que de 193,000. Y a-t-il là une rupture d'équilibre? D'un autre côté le monde agricole par suite de la terrible loi sur l'héritage, ne marche-t-il pas plutôt vers le morcellement que vers la con-

---

1. *Journal Officiel,* page 1,923, col. 1. Séance du 20 novembre 1894 à la Chambre des Députés.

centration ? Qui oserait soutenir que nous sommes au temps des grandes propriétés terriennes ?

Un examen attentif et impartial des phénomènes actuels fournit donc la certitude que nous ne tendons pas nécessairement vers le Collectivisme. La production capitaliste qui est propre à notre temps procure, en définitive, plus d'avantages qu'elle ne cause d'inconvénients. Elle seule permet les grandes entreprises ; elle seule fait baisser le prix des objets. Au lieu de s'élever contre elle et de vouloir la renverser, il serait plus sage et plus habile de songer seulement à prévenir les abus qui sont inséparables d'une institution nouvelle. On finira par comprendre ces vérités, par comprendre aussi que la production capitaliste n'est pas destinée à prendre une extension indéfinie et à supprimer tous les petits propriétaires. Il restera toujours un nombre considérable de possédants et ce nombre sera suffisant pour empêcher l'avènement de la doctrine collectiviste.

Veuillez juger maintenant, Messieurs, de la valeur des raisons apportées par nos adversaires. Voyez si celles-ci leur permettent de viser à détruire le système économique existant. Il me semble au contraire qu'il demeure établi que la propriété privée est légitime, puisqu'elle est principalement le fruit du travail, cette chose honorable entre toutes, puisqu'elle ressemble en quelque manière à l'enfant ; qu'elle aussi est une sorte de prolongement de la nature humaine. *Filius aliquid patris*, écrivaient les vieux docteurs. A cet aphorisme répond justement celui-ci : « *Proprietas aliquid hominis*. » Oui, la propriété est un droit pour chaque individu. Le Socialisme en voulant empêcher l'exercice de ce droit va contre la justice naturelle elle-même.

Non seulement le Socialisme est injuste. Il a encore un défaut plus grave : il est inapplicable.

Dans quel but songe-t-on à substituer le régime collectif au régime actuel ? On le crie assez haut. C'est pour faire participer enfin tout le monde, dans une mesure équitable, aux différents produits. Mais alors une première question s'impose : « Dans l'organisation future, les produits seront-ils assez abondants pour qu'il soit possible de contenter les besoins de l'homme, tels que nous les connaissons maintenant ? » Les théoriciens, disciples de Marx, ne sont nullement embarrassés pour répondre. L'est-on jamais quand on se meut dans le domaine des idées pures ou du sentiment?

Voici, en substance, le raisonnement exposé longuement par M. Jules Guesde, à la Chambre des Députés, dans la fameuse séance du 20 novembre 1894.

Il est évident que plus l'excitant individuel au travail est développé, plus la production est forte. Or, cet excitant existe à peine aujourd'hui. L'employé n'a aucun intérêt à fournir son maximum d'effort; car il sait pertinemment que son produit ira à l'employeur. C'est pourquoi, dans toutes les industries, on est forcé de multiplier les contrôleurs, les contre-maîtres, les surveillants.

Mais dans la Société de demain, l'excitant individuel au travail sera porté à son plus haut degré. En effet, sous le régime collectiviste, les produits n'appartenant plus à une classe privilégiée, mais à l'État, à la Nation entière, chaque citoyen sentira nécessairement le besoin de donner à son activité la plus large extension; autrement il ne nuirait pas seulement aux autres, il nuirait encore à lui-même. L'intérêt d'autrui ne sera plus en opposition comme maintenant avec l'intérêt de soi-même. L'un et l'autre se confondront. Tout est là. Ce fait constitue à lui seul la supériorité de la Société future, qui deviendra de la sorte une grande famille, et aura le double avantage de supprimer tout antagonisme entre les membres qui la composeront et de les décider à ne restreindre pour aucune raison l'exercice de leurs facultés.

« Oui, dans une nation maîtresse de ses moyens de production, il y aura dans chacune des branches de l'activité humaine, dans chacune des maisons de travail, dans chacun des ateliers, un esprit toujours tendu pour produire le plus possible dans le moins de temps possible, parce que cette augmentation de la production, cette réduction du temps de travail, se traduira en loisirs, en jouissances accrues pour tous ceux qui y auront coopéré[1]. »

Les économistes les plus sérieux se permettent de ne pas souscrire à des déclarations si catégoriques et si séduisantes.

Dans la Société présente ce qui pousse au travail, c'est cette

---

1. *Journal Officiel*, page 1.920, col. 1. Séance du 20 novembre 1894.

idée évidente pour les cerveaux les plus étroits. « Je n'ai à compter que sur moi. » Chaque être humain a des besoins nombreux à satisfaire, il a un désir naturel de l'aisance et de la fortune. Or, il n'ignore pas que les autres ne l'aideront nullement à contenter ses goûts, qu'ils l'en empêcheront plutôt. Alors, comprenant la nécessité de la lutte pour la vie, il donne à son énergie le plus grand développement possible.

Verrait-on le même phénomène dans une organisation collectiviste ? L'excitant individuel au travail qui, en effet, est indispensable pour la production, subsisterait-il dans cette organisation ? Il faut répondre, sans hésiter, d'une manière négative.

Chaque homme étant à la charge de l'État, sachant que celui-ci s'est engagé à fournir les choses nécessaires pour l'entretien de la vie, aurait immédiatement le tempérament du fonctionnaire ; du cantonnier que nous rencontrons sur la route, de l'employé, qui est assis dans son bureau ; il ne songerait qu'au repos. Il serait d'autant moins porté à dépenser toute sa force, que pour bénéficier de la loi de répartition, basée sur le temps, il lui suffirait de paraître travailler ou de travailler faiblement.

C'est montrer par trop de naïveté que de croire à l'influence de ce raisonnement. « Puisque les produits appartiennent à la Nation entière, je dois travailler le plus possible, sinon je cause du tort et aux autres et à moi-même. Plus la production sera abondante, plus j'aurai de repos et de jouissances [1]. » L'ouvrier ne sera pas aussi philosophe. Sentant le penchant à la paresse et comprenant les douceurs de l'oisiveté, il se dira plutôt : « L'État ne faillira pas à sa fonction qui est de me donner ce dont j'ai besoin. Pourquoi alors tant me tourmenter ? Je me contente de manier modérément mon outil pendant un cer-

---

1. « Il ne suffit pas, dans une communauté de production, composée de millions d'hommes, que le producteur A sache se dire : mon revenu de travail social dépend de ce que mes autres 999.999 coopérateurs soient aussi appliqués que moi. Ceci n'éveille pas encore le contrôle nécessaire, n'étouffe pas le penchant à la paresse et à la malhonnêteté, n'empêche pas le détournement du travail au préjudice de la communauté, ne détruit pas l'égoïsme et la ruse qui se manifestent par la taxation exagérée et injuste des travaux isolés. »
Schœfle. *Quintessence du Socialisme.* page 56.

tain nombre d'heures ? A quoi bon faire des efforts surhumains ? A quoi me serviront-ils si mes compagnons ne sont pas aussi ardents que moi ? Est-ce que je suis obligé de souffrir pour les autres? Soyez-en certains, Messieurs, l'ouvrier n'aura nullement le souci de ses semblables. On peut se sacrifier pour quelques personnes qu'on aime et qu'on chérit, on ne se dévoue pas pour des êtres inconnus. La charité n'a pas encore atteint ce degré dans le cœur humain.

C'est pour cette raison que les espérances de M. Jules Guesde sont entièrement chimériques.

Un jour, de jeunes socialistes exposaient leurs utopies devant Ernest Renan. Quand ils eurent fini : « Vous avez probablement, ajouta leur auditeur, quelques amendements à apporter au système de l'Univers. » Réponse spirituelle qui était une excellente réfutation. Certainement, il faudrait changer le premier être de l'univers, il faudrait transformer la nature humaine pour que la théorie de M. Jules Guesde se réalisât; il faudrait que l'homme si égoïste devint ce qu'est Dieu lui-même, *Caritas,* l'amour, la charité parfaite, la commisération suprême. Or les philosophies évolutionnistes les plus avancées tels que Fouillée n'annoncent pas encore comme prochain le règne de l'altruisme et je doute que les collectivistes s'ingénient à le préparer. Montent-ils dans une tribune sans souffler la haine et la révolte? On se demande si jamais il a paru des adversaires plus acharnés de la fraternité humaine.

M. Eugène Richter, chef du parti progressif allemand, a décrit d'une manière saisissante ce que serait la production dans le régime collectiviste.

Il suppose le régime établi et il met en scène un bon petit relieur de Berlin, enthousiaste du nouvel état de choses. Peu à peu les désenchantements arrivent, les illusions tombent.

Écoutons un instant les doléances du relieur.

« La manière dont les choses se passent maintenant dans les ateliers ne vous convient pas du tout. On ne travaille pas seulement pour gagner son pain. Bien que Schiller fut un bourgeois, ces vers de lui m'ont toujours plu

« Ce qui fait la gloire de l'homme — et l'intelligence lui a été donnée pour cela — c'est qu'il sent dans son âme ce qu'il exécute avec sa main.

« Malheureusement, nos camarades des ateliers ne sentent

pas grand'chose. On pourrait presque dire que les ateliers ne sont maintenant que des lieux à tuer le temps. Le mot d'ordre est celui-ci : aller lentement afin que le voisin puisse suivre. Il n'y a plus de travail à la tâche ; il ne s'accordent pas avec l'égalité des salaires et de la durée de travail.

« Avec un salaire assuré, m'écrit mon fils Franz, on dit maintenant, si l'ouvrage ne se fait pas aujourd'hui, il se fera demain. L'application et le zèle passent pour naïveté et niaiserie. Mais aussi à quoi bon? Il n'est pas plus utile dans la vie d'être laborieux que d'être fainéant. On n'est pas l'artisan de son propre bonheur : on subit le sort que vous font les autres.» Ainsi parle Franz et en cela il a moins tort qu'autrefois.

« On ne peut dire combien il se gâte maintenant de matériaux et d'instruments par l'inattention et la négligence. Je ne sais pas ce que j'aurais fait quand j'étais patron, si j'avais eu affaire à des ouvriers comme ceux qui travaillent à mes côtés.

« Une fois, c'en a été trop, j'ai perdu patience et j'ai prononcé un discours qui n'était pas mal.

« Collègues, la Société attend que chacun fasse son devoir. Nous n'avons plus maintenant que huit heures de travail ; vous êtes tous de vieux démocrates socialistes. Notre Bebel a exprimé autrefois l'espoir que dans la nouvelle organisation, une atmosphère morale exciterait tout le monde à l'émulation. Songez-y, camarades, nous ne travaillons plus pour des exploiteurs et des capitalistes, mais pour la Société ; chacun de nous doit tout à la Société. »

—Bien prêché me cria-t-on. C'est dommage que nous n'ayons plus besoin de pasteurs. Bebel nous a promis la journée de travail de quatre heures et non de huit heures. La Société est grande. Dois-je me tracasser et m'échiner pour une Société de 50 millions d'hommes, quand les 49.999.999 autres ne sont pas aussi fous? Et que pourrais-je m'acheter avec le cinquante millionnième du surplus que produirait mon travail, à supposer qu'il me revînt? »

Puis ils se mirent à chanter en chœur : « Si la Société ne te convient pas, cherches-en une autre. »

Depuis lors, naturellement, je n'ai plus soufflé mot.

Le relieur ajoute que dans l'imprimerie où est employé son fils Franz l'oisiveté et le désordre sont également à l'ordre du jour. Le journal n'est jamais prêt à l'heure exacte, quoiqu'il y ait moitié plus de compositeurs qu'autrefois. Plus la soirée s'avance plus on boit de tonnelets de bière et plus les fautes d'impression se multiplient. Comme Franz dernièrement demandait un peu plus de tranquillité, le personnel entonna la *Marseillaise,* en appuyant sur ces mots : « A bas la tyrannie ! »

Sans doute il y a des contre-maîtres, mais étant élus par les ouvriers, ils ne les poussent pas au travail. Sans doute il y a, affichée dans les ateliers, une loi qui punit la paresse, l'inattention, la négligence, mais tout le monde s'entend pour marcher dessus [1].

Ce tableau vous montre, Messieurs, ce que serait la production dans le nouvel ordre social. N'étant plus activée par l'intérêt individuel, puisque chacun compterait sur la providence de l'État, elle diminuerait d'une manière sensible. Le relieur de Richter dit encore : « La production s'est réduite au tiers de ce qu'elle était autrefois [2] ». Aussi le pauvre bonhomme qui, pour l'anniversaire de Bebel, attendait avec joie une ration de viande et une bouteille de vin, a dû rentrer ses espérances et se contenter de pois, de fèves et de pommes de terre.

Oui, le Socialisme tarirait les richesses dans leur source et, au lieu de répandre l'aisance tant rêvée et d'établir la participation universelle à la fortune, il n'amènerait, selon les paroles de Léon XIII, que le dénuement, l'indigence, la misère.

Nous remercions les collectivistes de leur régime de famine.

Mais admettons que la production ne soit nullement atteinte dans son abondance et qu'elle soit assez forte pour satisfaire les besoins de tous. Pour que les maux dont souffre la Société soient guéris, il ne suffit pas que les magasins soient remplis de denrées ; il faut surtout que celles-ci soient distribuées.

Le Collectivisme doit être principalement un système de répartition : « s'il n'est cela il n'est rien [3] ».

Or, comment le Collectivisme répartirait-il les fruits du travail ? A-t-il une règle ? A-t-il un principe ?

1. Eugène Richter. *Où mène le Socialisme. Journal d'un Ouvrier,* trad. par Villard, pages 36, 37.
2. Id., pages 59 et 60.
3. *Journal Officiel.* Compte-Rendu des séances de la Chambre des Députés. Séance du 20 novembre 1894, page 1,924, col. 3. Discours de M. Deschanel.

Dans sa période sentimentale le Socialisme disait : « A chacun selon ses besoins » ou « à chaque capacité selon ses œuvres ». Ces maximes vagues et creuses ne conviennent plus à notre monde positif.

Celui-ci exige une loi de répartition nette, précise, susceptible d'être appliquée dans tous les cas, sans arbitraire, sans erreur et sans inconvénients. On croit l'avoir trouvée dans la formule suivante : « Le temps du travail sera la mesure de la valeur [1] ».

Si l'on entend ce terme « temps de travail » dans son acception mathématique, il s'ensuit qu'on paiera chacun à la journée et à l'heure. L'ingénieur, l'écrivain, l'artiste, d'un côté ; le manœuvre, le chiffonnier, le goujat de l'autre, auront la même rétribution, ou plutôt les premiers percevront une solde inférieure à celle des seconds, parce que plus un travail est intellectuel, moins il supporte une longue durée. Le bon sens humain accepterait-il jamais une telle organisation ? Permettrait-il qu'on sacrifiât l'intelligence et le talent à l'ignorance et à la grossièreté ? S'il ne se révoltait pas, il n'y aurait plus qu'à saluer la fin de la civilisation et du progrès, puisqu'il serait plus profitable d'aspirer à conduire une charrue que de viser à occuper une place à l'Académie.

A la vérité, Marx cherche à donner à ces mots « temps de travail » une acception particulière. Il parle du temps de travail socialement organisé. Qu'est-ce que ce temps de travail socialement organisé ? C'est la somme de travail qui est nécessaire en moyenne pour produire un objet avec les instruments actuellement connus et usités. D'après Marx, ce temps de travail est la mesure de la valeur : c'est lui qui détermine la valeur des objets.

Écoutons Schœffle commenter son maître.

« Quand par exemple — c'est ainsi qu'on peut rendre l'idée de Marx — un pays a besoin de 20,000 hectolitres de froment,

1. Par cette formule, le Socialisme cherche à se séparer du Communisme. Ce dernier système veut mettre en commun les moyens de production et les moyens de consommation ou produits. C'est l'égalité brutale et absolue de tous les citoyens. Le Socialisme n'est pas aussi radical. D'après lui, les produits ne doivent pas être distribués à part égale, mais à raison du temps de travail fourni par chaque individu. Ainsi la Société collectiviste admet une certaine inégalité.

et que pour leur production il doit employer 100,000 journées de travail (socialement organisé), chaque hectolitre vaudrait

$$\frac{100,000}{20,000} = 5$$

5 journées particulières de travail socialement constitué. Cette valeur aurait cours, quand même des individus isolés auraient été assez négligents pour mettre 10 ou 20 journées de travail individuel à la production d'un hectolitre de froment [1] »

Que faut-il penser de la règle de Marx ?

D'abord il est clair qu'elle favorise la paresse et l'inhabileté aux dépens du courage et de l'adresse.

Ensuite il est facile de constater qu'elle est fausse : le temps envisagé à quelque point de vue que ce soit, n'est pas le seul élément qui fixe la valeur. Il entre dans la valeur beaucoup d'autres choses, la rareté, l'utilité du produit. Le vin de Château-Laffitte n'a pas coûté 15 fois plus de travail que celui des vignobles voisins, il vaut 15 francs la bouteille et l'autre 1 franc.

Cela suffit pour démontrer que la prétendue loi de répartition du Collectivisme ne peut pas être appliquée sans une flagrante injustice. Tout le monde préférera les clos renommés aux vignobles ordinaires. Sur quelle loi s'appuiera-t-on pour attribuer les premiers à telle ou telle personne plutôt qu'à telle autre ? Heureux ceux que la chance favorisera ! Par contre, quel ne sera pas le mécontentement de ceux qui seront mal partagés. Deux individus ont fourni la même somme de travail social ; l'un aura dix barriques de vin de Bordeaux, l'autre dix barriques des vins du Centre. Celui-ci acceptera-t-il le cœur rempli de joie ce qu'on lui donnera ? Il ne pourra s'empêcher d'envier le sort de son camarade, qui touchera un produit égal et beaucoup plus précieux.

La formule de Marx est déjà fausse et inadmissible quand on examine un seul genre de produits : « Elle perd absolument toute signification — écrit M. Paul Leroy Beaulieu — quand on veut l'appliquer à deux objets différents, surtout à mille, à cent mille objets différents, à deux ouvriers de divers corps d'état ou aux ouvriers divers de mille corps de métier ou par-

1. Schœlle. *La Quintessence du Socialisme*, page 75.

ties dissemblables de corps de métier. La variété des professions humaines qui sont indispensables à la civilisation répugne absolument à cette loi simple.¹ »

Comprenez-vous comment la moyenne du travail nécessaire pour composer un livre ou façonner des statues serait la mesure avec laquelle on apprécierait que l'écrivain et le sculpteur auraient droit à tant de kilogrammes de pain, à tant de litres de vin, à tant de paquets de tabac ?

Personne n'est arrivé à saisir l'application de la loi de Marx, ni un chercheur comme Schœffle, ni un critique impartial comme M. Paul Leroy-Beaulieu. N'essayons pas d'être plus perspicaces et contentons-nous de retenir ceci : que le Collectivisme n'a pas de formule de répartition des produits.

Schœffle lui-même en fait l'aveu. « Il est très sûr que la théorie socialiste de la valeur — en tant que dans la détermination de la valeur des richesses, elle ne prend en considération que les frais sociaux et néglige totalement la valeur d'utilité qui varie selon le temps, le lieu et la chose — est complètement incapable de résoudre d'une manière économique le problème de la production collective, posée par le Socialisme. Aussi longtemps que le Socialisme n'offrira rien de plus positif à ce sujet, il n'aura pas d'avenir. Avec son idée d'arriver à un plus juste partage des produits, le Socialisme ne pourra réussir à l'amiable et s'il veut employer la force il échouera encore longtemps². »

Dans la réalité, les produits seraient distribués arbitrairement par l'État et ses principaux fonctionnaires. Les répartiteurs sauraient-ils échapper à toute corruption, à toute partialité, à toute jalousie, à tout esprit de vengeance ? Pour répondre nous n'avons qu'à considérer le spectacle offert au temps présent par les administrations publiques. La Société entière serait à la merci des bureaucrates qui formeraient comme l'aristocratie du régime collectiviste, la plus ignorante la plus tracassière, la plus routinière des aristocraties³.

Dès lors comment ne pas juger sévèrement le Socialisme ?

En effet voilà un système dont le principal, dont l'unique

---

1. *Le Collectivisme*, page 369.
2. Schœffle. *Opus citatum*. page 57.
3. Voir la note C. (Appendice.)

but même, est de remédier à la misère, en modifiant dans les nations civilisées la répartition des produits ? Son fondateur élabore une formule et de l'aveu même de ses disciples, cette formule ne peut servir. Alors qu'est-ce que ce système, : « une simple duperie à l'usage des naïfs, une mystification à l'usage de ceux qui exploitent la crédulité populaire [1] ».

Résumons. Le Socialisme diminue la production et il établit l'Anarchie dans la répartition. Après cela « il peut se parer de tous les titres qu'il veut, mais à coup sûr il en est un qu'il mérite et c'est celui de système antiscientifique [2] ». Il a voulu quitter le domaine du sentiment dans lequel il s'était confiné jusqu'à nos jours ; il n'en est pas moins resté chimérique et inapplicable.

L'injustice, l'impossibilité pratique, tels sont donc les deux principaux défauts du Socialisme contemporain. Si, un jour, « cette hérésie économique » triomphait, comme le martyre de l'humanité, déjà si douloureux, augmenterait encore. Ah ! quant à moi, je ne me rappelle pas sans émotion ces paroles du P. Lacordaire : « Si jamais la culture indépendante — (rien n'empêche d'ajouter : le commerce indépendant, l'industrie indépendante) — si jamais la culture indépendante disparaissait du monde pour faire place à une culture d'État par des valets de République, il ne resterait qu'un dernier service à espérer de la terre, celui d'un tombeau [3] ».

Oui, le désespoir entrerait de toute sa force dans l'âme humaine ; nous en serions réduits à pratiquer la morale bouddhiste et à viser à l'annihilation de nous-mêmes. Or, nous voulons la vie, Messieurs, nous la voulons, n'est-ce pas ? avec ses grandes espérances et ses nobles passions ; nous ne voulons pas que le pessimisme et la tristesse envahissent notre cœur, de peur qu'ils ne paralysent l'enthousiasme de notre jeunesse et les forces de notre âge mûr ; de peur qu'ils n'arrêtent le développement de nos facultés, que nous avons consacrées au service de deux nobles causes : de Dieu et de la Patrie.

C'est pourquoi il importe que chacun de nous travaille, que

1. Paul Leroy-Beaulieu. *Le Collectivisme*, page 371.
2.   Id.   id.
3. Lacordaire : *Discours sur le Droit et le Devoir de la Propriété*. Au Tome VIIe. *Œuvres Philosophiques et Politiques*, page 221.

chacun de nous apporte sa pierre pour élever la digue qui arrêtera les progrès de la Révolution menaçante. Afin de savoir comment il faut procéder dans cette œuvre de salut, examinons la conduite que la sagesse nous commande de tenir à l'égard du Socialisme.

III

Les historiens, Taine en particulier, nous ont dépeint l'état d'âme des hautes classes, au dix-huitième siècle. Elles n'admettaient pas d'une manière absolue les maximes philosophiques de Voltaire, encore moins les opinions sociales de Rousseau. Mais il était de bon ton de paraître indulgent à l'égard des nouvelles théories, et quiconque ne les aurait pas affichées, aurait passé pour un esprit étroit et rétrograde. Si quelqu'un avait tenu aux nobles du temps de Louis XV ce langage : « Comment ! Ne comprenez-vous pas qu'en prenant officiellement pour votre évangile le *Contrat Social*, qu'en répandant autour de vous la doctrine de la puissance souveraine du nombre, vous compromettez l'existence de vos institutions politiques ? Au lieu de vous tenir dans les hauteurs de la spéculation, appliquez-vous à voir agir dans la réalité ces masses auxquelles vous conférez tous les droits. Est-ce que le peuple, une fois maître de ses destinées, saura en présence des abus qui pullulent, se contenir dans les limites de la modération ? est-ce qu'il saura respecter le moule dans lequel il a vécu pendant des siècles ? Dans sa fureur aveugle, il le mettra en pièces ; car songez que dans son cœur il y a, accumulées, des années de mécontentement et de souffrances ! Ne vous illusionnez donc pas. En réclamant des réformes radicales, vous creusez le tombeau de la Royauté ; vous êtes véritablement les fossoyeurs de la Monarchie » ; si quelqu'un avait parlé de la sorte aux seigneurs contemporains du plus indigne des petits-fils de saint Louis, ils auraient protesté de leurs intentions, et assurément celles-ci n'étaient point révolutionnaires.

Cependant, Messieurs, un demi-siècle ne s'était pas écoulé, et phénomène inattendu, les systèmes si longtemps exposés et choyés dans les salons et les cercles littéraires débordaient, du domaine des idées pour entrer dans celui des faits ; ils inspiraient les discours de la Constituante, les décisions de la Législative et de la Convention ; et non-seulement Louis XVI, ce prince si généreux, perdait son trône, mais, nouveau Charles Ier, il montait les marches de l'échafaud, et sa tête auguste roulait sanglante, emportant avec elle la paix et l'honneur, attirant sur la patrie vingt années de guerre et de despotisme.

La condescendance envers l'erreur portait ses fruits. Qui les eût jamais soupçonnés si terribles et si amers ? Du moins, que ce spectacle nous instruise et que la voix de l'expérience ne soit pas méprisée.

Or il semble, hélas ! que notre monde contemporain ait à cœur d'imiter la conduite de la Société du dix-huitième siècle. Il n'est pas assez intransigeant à l'égard de la doctrine, qui affiche pourtant assez haut son intention de tout bouleverser et de tout détruire. Les salons, les chaires d'enseignement, la presse, les corps politiques — faut-il ajouter une partie du clergé — ménagent le Socialisme, disons mieux le respectent. On a peur d'y toucher.

Examinez la manière d'agir de la plupart des hommes qui occupent une place dans le monde de la politique ou de la polémique. A quoi songent-ils ? Dans leurs discours, dans leurs écrits, attaquent-ils avec fermeté le Collectivisme ?

Ils se gardent de se livrer à cette œuvre salutaire. Ils dépensent plutôt leurs efforts à proposer des plans de réforme et à mettre en relief les torts et les défauts de la Société actuelle. Il n'y a presque pas d'orateurs ou d'écrivains qui n'insistent à chaque instant sur la nécessité d'institutions nouvelles et n'accablent de critiques l'organisation existante. Beaucoup se proclament les commentateurs de l'Encyclique de Léon XIII sur la condition des ouvriers, et ils le sont en effet. Mais pourquoi, dans ce document magistral, qui est la charte de l'avenir, appuient-ils si fort sur les parties qui traitent de la limitation des heures de travail, du salaire, de l'intervention de l'Etat, et passent-ils sous silence les arguments irréfutables par lesquels le Souverain-Pontife montre le caractère utopiste de la doctrine sociale révolutionnaire ? Les réformes que l'on réclame peuvent être justes — admettons pour le moment qu'elles le soient. — Néanmoins, en n'exposant que des

héories nouvelles, en tronquant en quelque sorte la sociologie catholique, est-ce qu'on ne prépare pas l'avènement du
Collectivisme ? Avec d'excellentes intentions, est-ce qu'on ne
suscite pas des partisans à ce système ?

Ne l'oubliez pas, Messieurs, le peuple est un être simple
Semblable aux enfants, il ne sait jamais s'arrêter dans le juste
milieu. Si vous vous appliquez à développer uniquement en lui le
goût du changement, sans lui montrer l'abime qui le menace, il ne
se fixera pas dans des théories intermédiaires, il ira de préférence vers la doctrine qui, pour lui, personnifiera avec le plus
de force la réaction contre le régime contemporain.

Pour la même raison, la clairvoyance nous commande de ne
pas faire notre ennemi principal du Libéralisme, qui règne
parmi nous depuis la Révolution Française. Le système libéral
est à peu près dans l'ordre économique ce que la Turquie est
dans l'ordre politique ; quelque chose qui finit. Deux grandes
dominations tombent, emportées par la force des événements.
Pourquoi donc les catholiques dirigeraient-ils toutes leurs bat-
teries contre le Libéralisme ? Qu'ils le laissent mourir de sa
mort naturelle, qui ne tardera pas à arriver.

Ainsi la tactique, qui consiste à affirmer un programme de
réformes, et à s'élever avec violence contre la Société présente,
sans attaquer ou en attaquant faiblement le Socialisme, est
répréhensible pour plusieurs raisons : d'abord, elle est fausse ;
ensuite elle est compromettante, elle constitue un danger.

Comment faudrait-il procéder ?

Il y a parmi les catholiques deux écoles. Je viens d'exposer
la méthode de la première. Quelle est la méthode de la seconde
que l'on peut appeler « modérée ».

Les personnes « modérées » ne pensent pas que tout soit
parfait dans l'organisation qui nous régit. Elles ne méconnais-
sent pas la nécessité des réformes. Il en faut, et de profondes.
Mais elles désireraient qu'on agit avec plus de prudence. Pourquoi tant insister sur le besoin de réformes. Pourquoi crier si
fort contre la « maison » qui nous abrite et nous défend contre
la Révolution ? En somme, cette Société, que l'on critique continuellement, est le résultat d'une évolution et d'une expérience
six fois millénaire ! chaque siècle y a mis du sien. N'est-ce pas
de l'enfantillage que de s'imaginer que les éléments mauvais
seuls y sont restés ? C'est pourquoi les personnes modérées,

tout en conseillant de demander des réformes, ont soin d'ajouter : « Il faut aller lentement et ne pas montrer trop d'exigences. »

Je vous prie, Messieurs, de remarquer ces derniers mots. N'est-il pas imprudent, en effet, de s'enthousiasmer pour des institutions nouvelles et de placer en elles tout son espoir pour l'avenir?

Soyez persuadés que des institutions, si bonnes soient-elles, n'ont, en dehors de l'idée religieuse, qu'une efficacité très secondaire pour triompher du Socialisme et mettre fin à l'antagonisme des classes ?

Sans doute, quand une difficulté se présente, le monde contemporain cherche le remède dans une nouvelle organisation, il se tourne vers les Parlements, et il les prie ou d'ordonner ceci ou de défendre cela.

Or, une réforme extérieure ne peut avoir qu'une vertu curative très bornée. Est-ce que l'homme est une machine, dont il soit possible de déterminer à l'avance, suivant une règle invariable, les actions et les mouvements ? Non : il est l'être vivant et libre par excellence ; il a des désirs qu'il aspire à satisfaire, des habitudes qu'il veut conserver ; des passions qu'il cherche à assouvir. Ne croyons pas que les décrets d'un Parlement auront la force d'enlever tout cela ; que la nature humaine se modifiera subitement sous les coups de plume législatifs, et qu'elle déposera en un instant ses sentiments intimes et ses idées les plus enracinées. Cependant ce sont les idées, les sentiments, les habitudes, les désirs, les passions, qui déterminent la forme que prend la vie des individus et des peuples : ce sont eux qui amènent toutes les questions susceptibles d'agiter et de troubler le monde. D'où vient en particulier le grand problème actuel, le problème social? On entend souvent répéter qu'il est la conséquence de l'organisation issue de la Révolution Française? Sans contredit, le régime économique libéral est défectueux en plusieurs points ; mais, malgré les imperfections que l'on peut constater en lui, jamais la question sociale n'aurait fait son apparition si les riches ne s'étaient laissés emporter par l'égoïsme et les pauvres par la cupidité; si les premiers n'avaient oublié la vertu de charité, et les seconds la vertu de patience et de mortification.

Déjà, en 1848, Mgr de Ketteler prononçait devant ses auditeurs de Mayence ces fortes paroles : « Ce n'est pas parce qu'il est ignorant et dépourvu de culture générale, mais parce qu'il s'est fait l'esclave misérable de la cupidité et des jouissances terrestres, que le riche méprise ce commandement de Dieu : « Tu donneras ton superflu aux pauvres » ; et ce n'est pas davantage pour avoir mal appris sa leçon à l'école, mais parce qu'il sert la paresse comme un esclave, que le pauvre tend la main vers le bien d'autrui et méprise ce commandement de Dieu : « Tu ne voleras point [1]. »

Si d'un côté la question sociale est principalement une affaire morale, une affaire d'âme ; si d'un autre côté les institutions légales n'ont presque aucune influence sur la vie intime des individus, pourquoi tant insister sur des réformes ?

Il est plus sage de s'appliquer à restaurer les pratiques chrétiennes et de travailler à la reprise générale des vertus évangéliques.

En tout cas, les personnes modérées souhaitent que l'amour des réformes, si fort soit-il, ne rende pas indulgent envers le Socialisme et qu'il n'empêche pas de le combattre avec énergie.

Elles voudraient que tous les hommes d'ordre s'unissent et qu'ils choisissent pour principal objectif la réfutation et la destruction du Collectivisme. Il faut, disent-elles, ne laisser à cette erreur aucun moment de trêve ; il faut la harceler de questions sur l'état qu'elle prétend réaliser ; et montrer de cette manière aux esprits les plus grossiers, le caractère injuste, impraticable et chimérique d'une doctrine qui s'affiche comme apportant le salut du monde. Au lieu de faire œuvre parallèle avec les révolutionnaires, au lieu de mener avec eux le bélier contre la vieille Société, les catholiques doivent se poser résolument en face des disciples de Marx et déclarer à ceux-ci qu'ils les combattront jusqu'à ce qu'ils les aient écrasés.

Ah ! Messieurs, sous aucun prétexte, pour aucune raison, il n'est permis d'avoir des ménagements pour le parti de la Révolution. Rien n'autorise à transiger avec lui.

Il y a quelque temps, un journal clérical écrivait : « S'il est démontré — et à notre avis M. Ribot a récemment corroboré la démonstration — que les catholiques n'ont rien à espérer des

1. OEuvres choisies de Mgr Ketteler. Trad. de Décurtins. *2ᵉ Sermon sur le Droit de Propriété*, page 31.

soi-disant modérés, des soi-disant libéraux de la République ; si après tout ce que Léon XIII a fait pour pacifier les esprits et rapprocher du Gouvernement établi toutes les âmes religieuses et de bonne volonté, il est avéré que nous serons toujours mis hors du droit commun et persécutés à cause de notre foi ; pourquoi n'essayerions-nous pas de traiter avec la plus sage, la plus libérale, la plus intelligente partie des socialistes [1]. » Pourquoi ? Parce qu'on ne fait pas de l'ordre avec du désordre ? parce que l'expérience apprend que tous ceux qui donnent la main aux révolutionnaires sont dupes en fin de compte. Et puis il faut se rappeler que le Socialisme est notre ennemi autant et plus que les autres partis politiques ; qu'en outre il est ennemi de la Société elle-même.

A ce titre, une alliance avec lui ne saurait être légitime. Avant tout, il importe de préserver la Société du péril imminent de destruction. Pour les catholiques voilà le premier devoir. J'ajoute que si nous commettons l'imprudence de favoriser le développement du Socialisme ; que si nous laissons grandir cet ennemi dangereux, ne l'attaquant pas sans merci, nous le retrouverons tôt ou tard, quand l'heure de la liquidation aura sonné pour la Société présente. Alors, du duel qui s'engagera entre les collectivistes et nous, qui oserait affirmer que nous sortirons vainqueurs ? En toute hypothèse l'humanité verrait se dérouler des époques de troubles, en comparaison desquelles les Révolutions des siècles passés apparaîtraient comme des jeux d'enfant.

Avouons-le.

Il est difficile chez nous de pratiquer la guerre à outrance contre le Socialisme. La formule dans laquelle il se résume « Tout pour l'État » exerce sur l'imagination du Français une attraction presque irrésistible, et les esprits les plus sérieux ont besoin de faire effort sur eux-mêmes pour n'y pas sacrifier. C'est que la France, fille de l'Empire Romain, comme l'Italie et l'Espagne, s'est constamment développée d'après le type administratif latin. Philippe le Bel, Louis XI, Richelieu, Louis XIV, les Jacobins de la Révolution, Napoléon, tous ont envisagé l'organisation politique d'après les mêmes principes. Tous ont été des centralisateurs à ou-

1. *Le Monde.*

france, tous ont développé au delà de la mesure la puissance de l'État ; tous ont combattu le sentiment de l'initiative privée, qu'ils ont presque réussi à étouffer.

Napoléon, principalement, nous a paralysés et nous a enlevé la spontanéité individuelle. Que ce grand capitaine, qui a fait flotter le drapeau tricolore sur toutes les capitales de l'Europe, qui a acquis à nos armes une gloire telle qu'elle nous console encore dans les mauvais jours et qu'elle nous permet de regarder fièrement les vainqueurs d'hier, car s'ils ont Sedan nous avons Iéna ; que ce grand capitaine ait produit une œuvre militaire unique dans les faits de l'histoire, personne ne le conteste. En ce qui touche les choses de la guerre, il a eu une force secrète qui jusqu'ici n'a été accordée à aucun autre avant lui. Mais comment apprécier le gouvernement intérieur dont il dota notre pays.

Napoléon prenait la France à un moment où « cette touchante créature », — c'est Prévost-Paradol qui parle, — remplie d'instincts généreux, quoique affaissée sous le poids de ses malheurs et de ses fautes, cherchait avec anxiété la route qui devait la conduire vers les temps nouveaux. Au lieu de lui prêter le secours de son génie, au lieu de l'aider dans une évolution inévitable, il ne vit en elle qu'une proie pour lui et pour sa famille. Le voilà sur le trône de ces Bourbons qui, depuis deux siècles, visaient à concentrer tous les pouvoirs entre leurs mains.

La France va-t-elle gagner d'avoir rompu en faveur d'un soldat heureux, avec la plus illustre maison régnante de l'Europe ? Esprit extraordinaire, mais mal cultivé, mal équilibré ; imagination captivée par les souvenirs classiques de la Grèce et de Rome, Napoléon choisit précisément pour modèles les pires autocrates. Ah ! ce n'est pas un Père de la Patrie comme Washington ! Non seulement il ne développe pas la liberté, il l'étouffe même ; il interdit tout mouvement à ses sujets ; il les écrase sous les mille formalités de ses administrations ; il les habitue à ne compter en tout que sur le pouvoir souverain. Que personne ne bouge sur la surface entière du territoire sans la permission du maître ! voilà sa devise ! Une Nation de trente millions de fonctionnaires ! voilà son idéal. Lui, l'Empereur, pensera pour tous, agira pour tous. Aussi son règne, en dehors des expéditions militaires, est l'un des plus stériles de nos annales. Nommez-moi les chefs-d'œuvre d'alors, dans les lettres, les sciences, les arts?

Napoléon a posé sa lourde main sur le Français; il l'a annihilé à ce point, qu'aujourd'hui encore, celui-ci n'a pas l'idée d'agir par lui-même; il ne sait qu'obéir à une impulsion venue d'en haut. Un jour, M. de Persigny disait à quelqu'un de ses amis : « Si vous voulez, je vais frapper sur ce timbre, et dans cinq minutes, tous les fonctionnaires de mon département se gratteront le nez en même temps. » Or, la nation entière ressemble aux fonctionnaires du département de M. de Persigny : elle a été réduite à un tel état de passivité par les différents gouvernements, notamment par le gouvernement de l'Empire, qu'elle ne résiste jamais au plus petit mot d'ordre venu de Paris. Il est inouï chez nous que la majorité des citoyens osent avoir une ligne de conduite personnelle et tenir tête au despotisme de l'État sur le terrain du droit privé.

Non : notre race ne comprend plus le prix de la liberté individuelle : elle ne connaît plus le sentiment de l'initiative privée; elle n'a plus le goût des droits de l'individu, de tout ce qui touche à cet être sacré, qu'est la personne humaine. Voyez comme le type du Français indépendant diminue chaque jour! En recevant M. Paul Bourget à l'Académie française, M. le vicomte Melchior de Vogüé lui disait spirituellement : « Vivez vieux, Monsieur; et l'on vous montrera aux embrigadés de l'avenir, comme un plésiosaure, un rare spécimen de ce fossile en train de disparaître, l'individu. »

Puisque nous sommes par habitude, sinon par nature primitive, des idolâtres des pouvoirs publics, des adorateurs de l'autorité centrale, est-il étonnant que nous soyons portés à témoigner de l'indulgence, une sorte de respect superstitieux, aux doctrines qui cherchent à développer encore ces pouvoirs et cette autorité? Il y a en nous une tendance regrettable qui nous entraîne.

Cette analyse de notre tempérament national nous révèle un moyen qu'il est bon de ne pas négliger. Si nous voulons sincèrement réussir dans notre lutte contre le Socialisme et préparer avec efficacité la solution du problème social, il faut que nous nous appliquions à ressusciter en France le sentiment de l'initiative privée.

Quel service le clergé rendrait s'il se livrait à cette œuvre, et comme il mériterait la reconnaissance de la postérité ?

Qu'est-ce qui rend une nation puissante ? C'est le développement maximum des millions d'énergies dont elle se compose ; c'est le travail porté au plus haut degré dans chaque membre du corps social. Voulez-vous me laisser éclairer ma pensée par une digression historique[1] ?

Quand le Nouveau-Monde fut découvert, l'Europe s'appliqua de suite à le soumettre à sa domination. L'Espagne conquit d'immenses territoires, l'Amérique du Sud presque entière ; la France jeta les bases de l'Empire Indien et exerça une influence prépondérante dans l'Amérique du Nord par la Louisiane et le Canada.

A première vue, il semble que le système politique latin, caractérisé par l'omnipotence de l'Etat est le meilleur pour donner de grands résultats. En effet, pendant que les Monarchies du Midi plantent partout leur drapeau, l'Angleterre, pays *de self-government,* parait se renfermer dans son île et ne pas se soucier de s'étendre. Attendez un peu. Si l'Angleterre n'envoie ni armée, ni fonctionnaires, elle ne reste pas inactive pour cela. Voyez-vous ces colons qui partent sans cesse dans toutes les directions ? Ceux-ci s'établissent ; leurs familles se multiplient. Un siècle, deux siècles ont passé.

Quel est le spectacle qui s'offre à nos regards ?

Tandis que les empires, créés dans l'Amérique du Sud, tombent d'impuissance les uns après les autres ; tandis que la France perd l'Inde, et qu'elle est chassée de la Louisiane et du Canada, l'Angleterre grandit peu à peu ; elle supplante successivement ses rivales du Midi, et finalement étend son autorité sur le globe entier.

Obtient-elle ses succès par la force des armes ? Presque jamais. Elle envoie peu de soldats : elle conquiert grâce à ses colons ; grâce à ses nombreux émigrés qui, s'étant établis dans la solitude, ont avec le temps constitué un peuple à la poussée duquel rien ne résiste. Vous constatez la différence entre l'Angleterre et les pays latins. Ceux-ci ne réussissent à envoyer au loin que des armées ou des fonctionnaires : celle-

----

1. J'emprunte les aperçus qui suivent à une Conférence de M. Edmond Demolins sur le Socialisme.

là fournit des colons, l'élément indispensable pour fixer d'une manière inébranlable dans une contrée étrangère l'autorité de la mère-patrie.   D'où vient cette anomalie? La raison n'est pas difficile à indiquer.

Dans les contrées méridionales, les citoyens attendent toujours, pour se mettre en mouvement, un mot de l'État; l'Anglais, au contraire, compte en tout sur lui-même. Il a de l'initiative : alors il devient plus entreprenant, plus audacieux, il donne à son activité un développement considérable, il ne redoute pas l'inconnu. Nous sommes donc obligés de conclure : si l'Angleterre domine le monde, c'est parce que chacun de ses enfants ayant le sentiment de sa valeur personnelle comprend la nécessité d'agir par lui-même. Et pour en revenir au sujet qui nous occupe, si l'Angleterre est de tous les pays européens le moins troublé, celui dans lequel la question sociale est le plus pacifiquement agitée, la différence des conditions le plus facilement acceptée, c'est encore en partie à l'initiative individuelle de ses enfants qu'elle le doit.

Quel est l'ouvrier le plus riche du monde? Cherchez, vous le trouverez parmi les membres des *Trades-Unions*. Le Trade-Unioniste vise à réaliser pour lui ce qu'il appelle, *higher standard of life*, un type très élevé de vie, et pour l'obtenir il met sa suprême espérance en lui-même. C'est précisément à cause de cela qu'il réussit. En effet, au lieu d'agir comme son collègue de France, qui repousse systématiquement toute idée d'amélioration au moment présent, dans la stupide persuasion qu'un beau matin l'Etat se montrera l'empirique universel, après avoir bouleversé le vieux régime économique ; le travailleur anglais convaincu de cette idée : « je dois être moi-même l'instrument de mon bonheur », ne se contente pas de vivre au jour le jour des espérances d'une Révolution prochaine ; il cherche moins à briser le moule social dans lequel il est plongé qu'à en tirer profit, autant que les circonstances le lui permettent. Grâce à ce sens pratique, il sort rapidement de la misère. Et comme rien ne ferme autant l'oreille aux théories subversives qu'une honnête aisance, l'Angleterre est tranquille.

Ces considérations suffisent pour montrer combien il serait sage de travailler à modifier notre tempérament national qui a certaines prédispositions au Socialisme. Si on parvenait à convaincre les ouvriers français qu'ils doivent compter sur eux-mêmes, la cause de l'ordre aurait fait un pas considérable. Le Collectivisme serait atteint dans son essence même.

Permettez-moi, Messieurs, une dernière observation. En réclamant une organisation fondée sur l'initiative privée, je ne prétends nullement défendre devant vous l'Individualisme, ce régime issu de la Réforme protestante et de la Réforme française. Ce qui caractérise l'Individualisme, c'est l'isolement forcé.

« Chacun pour soi, chacun par soi, chacun chez soi. »

L'association est prohibée. Selon le terme de Turgot, elle est regardée comme la source du mal. Or l'Individualisme a sans contredit causé un tort considérable à la classe ouvrière ; il l'a empêchée d'améliorer sa situation matérielle, autant que cela lui aurait été possible, grâce au développement de l'industrie. Une fois qu'il a été abandonné à ses propres forces, qu'il s'est trouvé seul avec ses bras, une fois qu'il a été séparé de ses camarades, du moins sans liens étroits avec eux, qu'il n'a plus porté en lui, comme jadis, la puissance d'une corporation nombreuse, le travailleur est fatalement tombé sous la domination du patron.

Heureux s'il n'avait rencontré que des chrétiens convaincus!

Oh ! je l'avoue, l'Individualisme n'est pas un régime démocratique, il inaugure plutôt la domination des forts au détriment des petits ; il produit dans le règne humain le phénomène qui apparaît journellement dans les règnes végétal et animal ; les organismes les mieux doués s'élèvent et grandissent démesurément aux dépens d'une foule d'êtres minuscules et maladifs.

Mais réclamer un régime d'initiative privée, ce n'est pas réclamer un régime individualiste. L'association, avec ses formes variées, n'est pas incompatible avec l'initiative privée ; elle en est au contraire le couronnement et la dernière évolution.

C'est pourquoi, à la formule socialiste : « Tout par l'État », en est-il une meilleure à opposer que celle-ci : « un État fort qui empêche le désordre, mais qui laisse l'individu se développer librement. »

Peut-être, Messieurs, mon langage vous a-t-il étonnés? Les ouvrages de sociologie, qui vous tombent sous la main, ne doivent pas condamner, d'une façon aussi catégorique, toute alliance et tout *connubium* avec le Socialisme. Je vous prie de n'être pas surpris si je suis allé à l'encontre de quelques-unes des idées courantes. Ma conviction intime est qu'il n'y a rien pour nous, catholiques, à espérer du Socialisme.

« D'ailleurs, entre les gens qui s'appuient sur la Bible et nous — dit quelque part un personnage de Paul Bourget — il y a un abîme. Je sais. Il y en a qui se prétendent socialistes, surtout des catholiques, l'archevêque Ireland par exemple. Mais catholiques, juifs ou protestants, prêtres, rabbins ou pasteurs, tous ces gens-là racontent au peuple qu'il doit accepter la volonté de Dieu, qu'il doit être résigné, *satisfied*. Eh bien ! le Socialisme consiste justement à lui enseigner le contraire, qu'il doit être révolté, *dissatisfied* [1]. »

Ce passage de Paul Bourget n'est-il pas suffisamment éloquent ?

Entre le tempérament socialiste et le tempérament chrétien, il existe une antinomie irréductible. Pourquoi songer à fondre l'un avec l'autre ? Nous n'avons qu'à lutter pour écraser le premier. Dans cette lutte nous pourrons être vaincus, car lorsque le succès dépend des masses dont le principal élément constitutif est l'ignorance, il n'y a pas à s'illusionner trop fort avec la bonté de sa cause. Mais si nous succombons, au moins nous périrons avec gloire. Nous n'aurons pas été dupes, et notre fierté sera sauve ainsi que notre bon sens. Nous laisserons alors tranquillement l'humanité aller là où elle le voudra. Après une courte expérience, soyez en persuadés, Messieurs, elle nous appellera à son secours pour la sauver de l'enfer terrestre qu'elle aura choisi dans un moment de cupidité et d'amour immodéré pour les jouissances matérielles.

1. Paul Bourget : *Outre-Mer*.

NOTE A

—

EXPOSÉ DU SOCIALISME — COMPLÉMENT

Dans le discours précédent, je n'ai envisagé que la théorie économique du Socialisme. Or le Socialisme a également une doctrine sur la Religion, sur la Famille et sur l'État.

A

DOCTRINE SUR LA RELIGION

Frédéric Engels, appréciant l'œuvre de Marx, a écrit : « Nous devons à Marx deux grandes découvertes : il nous a donné la conception synthétique de l'histoire au point de vue matérialiste, et il a dévoilé le mystère de la production capitaliste, en rendant compte de la plus-value. »

Qu'est-ce que la conception synthétique de l'histoire au point de vue matérialiste ? C'est l'athéisme.

Et, en effet, Marx a nié Dieu, l'âme, la vie future, tout ordre surnaturel. D'après lui, tout système philosophique ou théologique qui cherche à introduire dans la vie humaine un élément supérieur et immatériel, qui cherche à orienter la créature intelligente vers les régions de l'au-delà, est nécessairement faux et doit être combattu. C'est pourquoi Marx, appréciant la Religion, l'a appelée une idée déraisonnable, l'opium du peuple. Les disciples de Marx n'ont pas rejeté l'impiété de leur maître. Qu'on nous permette de citer quelques déclarations célèbres.

Le 31 décembre 1881, Bebel a prononcé au Reichstag allemand les paroles suivantes : « Sur le terrain politique, nous poursuivons le régime républicain ; sur le terrain économique, le Socialisme ; sur le terrain religieux, l'Athéisme. » Cette profession de foi ayant provoqué une exclamation de la part de la droite, l'orateur reprit : « Vous vous étonnez ? Dans ce que je viens de dire, y a-t-il donc quelque chose de nouveau pour vous ? J'assume la responsabilité pleine et entière de toutes nos doctrines et je n'en renie aucune. » De plus, le 17 juillet 1884, l'organe officiel du Socialisme allemand, le *Sozial demokrat*, écrivait : « Vous avez beau faire, Messieurs les Idéalistes, vous avez beau multiplier vos dissertations savantes, la démocratie socialiste restera ce qu'elle a été, athée et matérialiste ».

On peut donc affirmer sans crainte que le Socialisme contemporain, produit allemand, système élaboré au-delà du Rhin, est essentiellement athée. Pour le collectiviste, Dieu, c'est le travailleur, c'est l'homme. Ecoutez Joseph Dietzgen : « La Société humaine cultivée est l'Être suprême en qui nous croyons. » Si jamais le Socialisme, au lieu de rester un parti d'opposition, devenait dans une contrée quelconque le gouvernement, de quelle manière agirait-il envers la religion ; surtout de quelle manière se comporterait-il à l'égard de la société religieuse la plus parfaite, c'est-à-dire de l'Eglise catholique ? L'arrêt de mort serait-il prononcé contre le catholicisme ? La chose paraît très probable. Sans doute, le congrès d'Erfurt (1891), pour ne pas épouvanter le peuple, a consenti à déclarer que dans le régime futur, la religion serait considérée comme affaire privée. Cette décision est-elle une garantie de la liberté ? Du tout. Précisément la véritable religion de Jésus-Christ ne peut pas être ce qu'on appelle « une affaire privée ». Elle n'est pas seulement un sentiment qui subsiste dans les intimes secrets du cœur ; elle est encore une société vivante, en un mot, elle est l'Eglise, qui a une constitution, des droits, des lois, un idéal de vie. L'État socialiste qui veut régler tout, absorber tout, souffrirait-il en face de lui une autorité, dont les ordonnances contrarieraient souvent celles qu'il aurait établies? L'espérer serait chimérique. Entre l'Église et le Socialisme, la lutte serait inévitable.

B

SUR LA FAMILLE

Le Socialisme respecte-t-il plus la famille que la propriété et la religion ? Schœffle se prononce pour l'affirmative. D'après lui, le régime collectiviste permettrait l'existence d'une famille.

Mais quelle serait-elle ? M. Eugène Richter, chef du parti progressiste au Reichstag, s'est appliqué, en se basant sur les articles du programme d'Erfurt, à décrire le fonctionnement de la Société, rêvée par les utopistes révolutionnaires. Or que nous apprend-il ?

Le mari et l'épouse n'auraient aucun des droits aujourd'hui sacrés du foyer. Ils n'auraient ni la libre détermination des besoins et des dépenses, ni le libre choix du travail, ni la libre éducation des enfants, ni le libre souci des grands parents. Ils ne jouiraient même pas de la faculté de prendre leurs repas chez eux ; ils seraient obligés de fréquenter les cuisines nationales, et encore dans ces établissements publics, il ne leur serait pas permis de choisir et leur heure et leur table. Le petit relieur mis en scène par Richter dit bénévolement : « Malheureusement, sauf le dimanche, je ne puis plus manger avec ma femme comme j'en ai l'habitude depuis vingt-cinq ans, car nos heures de travail sont tout-à-fait différentes [1] ». Le mari et l'épouse n'auraient qu'une liberté : celle de cohabiter aux heures de repos. Est-ce là la famille, je ne dis pas selon le concept religieux et chrétien, mais simplement selon le concept naturel et philosophique ?

Malgré sa perspicacité et sa force d'analyse, Schœffle s'est trompé. Le Socialisme veut ruiner la famille aussi bien que la propriété et la religion.

Et en formulant cette affirmation, on n'exagère nullement. Voici du reste un passage de Karl Kautsky, le commentateur du programme d'Erfurt. Kautsky essaie de nous donner une idée du mariage dans la Société future. « La femme travaillera dans les mêmes conditions que l'homme ; elle fera partie de la collectivité au même titre que lui, elle sera ainsi sa compagne libre, émancipée à la fois de l'esclavage du foyer et de l'esclavage du capital. Elle disposera d'elle-même tout aussi bien que l'homme ; elle mettra fin de cette manière à la prostitution légale et à la prostitution non légale. L'on verra apparaître pour la première fois, dans l'histoire de l'humanité, l'institution d'un mariage offrant les mêmes conditions pour l'homme et pour la femme. » En résumé, le mariage, en régime collectiviste, serait tout simple-

1. *Journal d'un Ouvrier Socialiste,* page 27. *Les nouvelles Cuisines Nationales.*

ment la Société de l'homme et de la femme, sous le sentiment si variable, si temporaire et si rapide de l'amour ; il pourrait être dissous, à chaque instant, par la seule volonté de l'une ou de l'autre des parties. Aujourd'hui, deux personnes vivent ensemble ; demain elles se séparent et chacune d'elles a la liberté de s'allier avec une autre personne : voilà le régime matrimonial socialiste. Eh bien ! n'est-il pas évident que la famille ne saurait subsister avec cette émancipation complète de l'homme et de la femme? Qu'est-ce que cette émancipation complète sinon la communauté des personnes venant après la communauté des biens? et qu'est-ce que la famille sinon l'exclusion de la communauté?

C

SUR L'ÉTAT

Nous avons déjà vu (1ʳᵉ partie du Discours) que les socialistes avaient de l'État une conception particulière. Il est bon de donner ici quelques détails complémentaires :

« L'État, sous sa forme actuelle, est un État de classe[1] », il est un moyen dont se sert la bourgeoisie pour exploiter les masses. C'est pourquoi il devra disparaître, quand la domination de la démocratie sera définitivement fondée.

Que sera alors le nouvel État?

« Une association économique (une association de production et de consommation) se suffisant à elle-même dans les choses essentielles[2]. »

Cette déclaration de Kautsky n'ouvre pas des aperçus très clairs. Toutefois, voici une chose qui est certaine.

Le Socialisme révolutionnaire rejette tout pouvoir coercitif. Plus d'armée, plus de gendarmerie, plus de police, en un mot plus de force publique.

Et les malfaiteurs? Leur race ne disparaîtra jamais à cause des convoitises, de la débauche, de la paresse, de la brutalité des sens inférieurs. En vain l'inégalité des conditions sera

1. Liebknecht.
2. Karl Kautsky.

— 51 —

de moins en moins sensible : les tentations de mal faire exis-
teront encore et exerceront sur de nombreux tempéraments
une attraction irrésistible. L'expérience apprend que la plupart
des criminels ne sont pas attirés par l'appât de grosses sommes. Les neuf dixièmes des assassinats ont été commis pour
cinq cents ou deux cents francs, parfois même pour cinquante,
vingt ou dix francs, et non pour deux cent mille francs ou
un million.

Or, sans force publique, comment les honnêtes gens se dé-
fendront-ils contre l'armée des malfaiteurs ?

Le Socialisme n'est nullement troublé par cette objection. Il
croit et par là il se rapproche de l'anarchisme — que la nature
humaine sera entièrement modifiée, après la ruine de l'organisation actuelle. Chaque homme deviendra bon, doux et juste.

Ce dogme révolutionnaire n'est pas nouveau. Il découle en
droite ligne de la plus célèbre des formules de Jean-Jacques
Rousseau, de celle qui résume le *Contrat Social,* et qui captiva
tout le XVIIIe siècle : « L'homme naît bon, c'est l'état social qui
le déprave. Supprimez (changez) l'état social ; il n'est plus besoin de lois et de protection mutuelle. »

Il est évident que les prétentions du Socialisme sont entièrement chimériques. C'est le cas de dire après un judicieux
critique « ce système fait preuve d'une si admirable naïveté
qu'il est superflu de lui répondre [1] ».

Dans le monde collectiviste, l'homme resterait donc ce qu'il
est aujourd'hui « un animal féroce et lubrique [2] ». Les faibles
et les honnêtes gens n'étant plus protégés par la force publique vivraient dans une crainte continuelle et deviendraient à
bref délai la proie, « la chose » des forts et des malfaiteurs.

Ces quelques remarques, jointes au discours précédent, per-
mettront, je l'espère, au lecteur d'avoir une idée nette et complète du Socialisme contemporain.

Après les journées de Juin, Proudhon, traduit en justice, dit
au président qui l'interrogeait : « j'étais allé contempler les
sublimes horreurs de la canonnade. — Mais, reprit le président,

1. M. Paul Leroy-Beaulieu. *Le Collectivisme,* page 417.
2. Taine.

n'êtes-vous donc pas socialiste ? — Certainement, Monsieur le président. — Mais alors, qu'est-ce donc que le Socialisme ? — C'est toute aspiration vers l'amélioration de la Société.

Que de personnes aujourd'hui encore en sont à la définition de Proudhon ! Elles s'imaginent que le Socialisme est une théorie vaguement humanitaire. Or il est bon de dissiper les nuages qui obscurcissent leur esprit, et de leur montrer la réalité. En effet, puisque les Révolutionnaires n'osent pas indiquer franchement le but qu'ils poursuivent, puisqu'un de leurs chefs les plus écoutés conseille de parler bas, de peur d'effaroucher le Philistin, de peur d'intimider les ignorants, ce sera, de notre part, pratiquer une tactique habile que de nous appliquer à inspirer au peuple une crainte salutaire, en lui apprenant ce qu'est le Socialisme contemporain : un système qui nie la propriété individuelle, la religion et la famille, qui cherche à dépouiller l'Etat de sa fonction la plus importante ; qui sape ainsi les quatre principaux fondements de tout ordre social.

NOTE B

—

DOCTRINE SOCIALISTE SUR LE CAPITAL

« D'après Karl Marx et la généralité des collectivistes, le capital est naturellement stérile. Tout ce qu'il peut demander, c'est de prélever sur la production de quoi s'entretenir et se maintenir en état. Le capital peut avoir droit à un amortissement, non à un intérêt, encore moins à un profit. Cette croyance que Karl Marx a entourée d'une forme pédante, un des orateurs de réunions publiques de la fin de l'Empire, Briosne, l'exprimait avec naïveté : le propriétaire, disait-il, au lieu de recevoir un loyer, devrait payer le locataire, parce que celui-ci empêche la maison de se dégrader et l'entretient en bon état. Sans aller aussi loin et s'arrêtant à mi-chemin, les collectivistes admettent que le propriétaire et le locataire sont quittes si ce dernier se charge pour toute redevance de l'entretien de la maison du premier. Il n'en est pas autrement, selon eux, des

machines et des fabriques, l'industriel n'a aucun titre à un
intérêt ou à un profit; l'amortissement seul de son matériel ou
de son usine, de manière qu'il retrouve toujours l'un et l'autre en bon état, doit suffire à ses exigences raisonnables ».

Le Collectivisme, examen critique du nouveau Socialisme,
par M. Paul Leroy-Beaulieu, pages 238, 239.

NOTE C

Dans la séance du 20 novembre 1894, à la Chambre des Députés, M. Paul Deschanel ayant adressé au Socialisme les critiques
les plus vigoureuses, M. Vaillant se leva pour répondre à l'orateur du Centre.

A

D'abord il essaya de réduire à sa juste valeur cette objection
si souvent répétée : « Les socialistes ne peuvent pas faire un
tableau exact du régime qu'ils veulent établir ».

« Je répondrai que certainement personne n'a et ne peut avoir
la prétention d'être un prophète et de prédire l'avenir dans ses
détails. Il nous suffit de connaître la direction générale suivant
laquelle se produira sa réalisation. Cet avenir est l'aboutissant
nécessaire de l'évolution historique de la Société, et nous sommes certains qu'étant données les circonstances dans lesquelles se trouve notre régime économique et politique, il dévelop-
pera ses conséquences naturelles, malgré toutes les résistances
qu'il rencontre, et cela d'autant plus rapidement que ces résistances pourront être plus tôt vaincues ou céderont d'elles-mê-
mes. Nous savons donc que le régime capitaliste aura pour
conséquence nécessaire le régime collectiviste et communiste
que nous voulons, comme il a été lui-même et par la force des
choses, le produit du régime qui l'a précédé. Aujourd'hui, la
collectivité nationale ouvrière travaille, produit, et le capita-

liste, qui s'approprie le produit des richesses, accroit son capital, est seul maitre de la matière et des instruments de production dont l'ouvrier est entièrement dépossédé. A la distribution actuelle des richesses, socialement produites, mais individuellement appropriées par le capitaliste, s'en substituera une autre, qui répondra à l'idéal de justice que nous poursuivons en même temps qu'au mode nouveau de production qui sera alors créé, employant la force productive sociale totale, non plus pour le bénéfice de quelques-uns, mais pour la satisfaction des besoins de tous, participant aussi bien au produit qu'à la production proportionnellement à leur travail et aussi, et de plus en plus, proportionnellement à leurs besoins. »

Personne, évidemment, ne saurait prévoir ce qui arrivera dans cent ou deux cents ans. Mais l'ignorance des faits futurs ne dispense pas d'avoir un programme détaillé et précis.

Les disciples de Marx affectent de croire que les institutions et les lois, après lesquelles ils soupirent, sortiront d'une situation économique, aussi naturellement que les fruits sortent des arbres.

« Ce ne sont point les idées des hommes — a écrit Karl Kautsky — qui déterminent l'histoire de l'humanité ; c'est le développement économique, qui avance irrésistiblement, non au gré des désirs et des caprices des hommes, mais conformément à des lois déterminées [1]. »

Karl Kautsky et M. Vaillant — qui emprunte l'argument du commentateur allemand — ne tromperont personne. Non, l'homme n'est pas l'esclave du développement économique. Il a une liberté qui échappe à l'influence de toute évolution, de plus il a des exigences qui ne changent pas. Il est donc, pour quelque chose, dans tout état social. Alors quel est le devoir du parti révolutionnaire ? Ce parti est tenu de prouver que l'organisation qu'il veut établir peut contenter nos principales exigences ; qu'elle peut subsister malgré tous les défauts de notre nature ; qu'elle donnera lieu à moins d'abus que l'organisation présente. Or la démonstration n'arrive pas — ou n'arrive que très incomplète. Partant nous sommes en droit de dire au Collectivisme qu'il marche sans savoir où il va, et à ceux qui mettent leur confiance en lui, qu'ils se préparent les plus cruelles déceptions.

1. Commentaire du Programme d'Erfurt.

B

En second lieu, M. Vaillant soutint la possibilité d'appliquer la loi de répartition de Marx.

« Oui, la mesure de la valeur, comme le dit M. Deschanel citant Karl Marx, est donnée par le temps de travail employé à la production, mais M. Deschanel a oublié de dire que ce temps de travail n'est pas arbitrairement déterminé, parce que c'est le temps socialement nécessaire à la production, c'est-à-dire le temps déterminé dans les conditions qui correspondent au développement de l'industrie ; c'est ainsi, par exemple, que si le développement industriel est très considérable, si l'outillage s'est perfectionné, ce temps social nécessaire se trouvera d'autant diminué ; si, d'autre part, au moment où cet outillage développé permet une moyenne de production très rapide, un homme travaille avec les moyens anciens, avec un outillage démodé, il devra travailler plus longtemps pour produire une valeur équivalente à celle de l'autre et il lui faudra pour une même production un temps plus long que le temps moyen et socialement nécessaire à la production industrielle.

M. Marcel Habert. Dans votre système, il n'y aura pas de moyens nouveaux de production, parce que vous savez bien que l'État repoussera toujours les inventeurs.

M. Vaillant. Il ne s'agit pas des inventions de telle ou telle personne ; mais, si vous le voulez, d'inventions socialisées, employées à réduire la durée du travail pour une production déterminée. Et quand M. Deschanel disait que c'était dans la petite industrie et dans le travail familial que se trouvaient la plus grande quantité de chômage et les maux les plus considérables, il ne faisait que démontrer la vérité que j'expose, à savoir que précisément dans le travail familial et la petite industrie, les moyens de la grande industrie n'étant pas employés, les ouvriers de la petite industrie et du travail familial sont moins protégés et travaillent dans des conditions beaucoup plus défavorables que dans les ateliers de la grande industrie. Et il est obligé de reconnaître dans ses effets cette théorie socialiste de la valeur qu'il contestait. Voilà, somme toute, ce qui prouve que le temps de travail peut devenir une mesure de la valeur[1] ».

Dans ce passage du discours de M. Vaillant je trouve une affirmation, je ne vois nulle part un argument démontrant « que le temps de travail peut devenir une mesure de la valeur »; Ainsi, il est impossible même aux socialistes les plus intelligents de justifier leur loi de répartition.

1. *Journal Officiel.* Compte-Rendu des Séances de la Chambre des Députés, pages 1,929, col. 3 et 1,930, col. 1.